Franziska Franz

Mainkurtod

Ein Frankfurt-Krimi

edition krimi

Frankfurt-Krimi

Franziska Franz: Mainkurtod. Ein Frankfurt-Krimi. Hamburg, edition krimi 2019

1. Auflage 2019
ISBN: 978-3-946734-23-9

Dieses Buch ist auch als eBook erhältlich und kann über den Handel oder den Verlag bezogen werden.
ePub-eBook: ISBN 978-3-946734-24-6

Lektorat: Nina Ziegler, Frankfurt
Umschlaggestaltung: © Annelie Lamers, edition krimi
Umschlagmotiv: www.pixabay.com
Coverbild: © Sevastos Sampsounis

Bibliografische Information der Deutschen Nationalbibliothek: Die Deutsche Nationalbibliothek verzeichnet diese Publikation in der Deutschen Nationalbibliografie; detaillierte bibliografische Daten sind im Internet über https://dnb.d-nb.de abrufbar.

Die edition krimi ist ein Imprint der Bedey Media GmbH, Hermannstal 119k, 22119 Hamburg.

---

https://www.edition-krimi.de
Gedruckt in Deutschland

1

Gefangen

Ich zitterte am ganzen Leib. Zum Glück war ich endlich wach. Dieser grausame Traum, er war vorbei. So beklemmend das Gefühl war, das er hinterlassen hatte, an den Traum selbst konnte ich mich nicht mehr erinnern.

Mein Gott war mir kalt.

Mein Kopf schmerzte erbärmlich und nicht nur der Kopf, der ganze Körper. Ich war völlig verkrampft. Ich blinzelte. Es war stockfinster, scheinbar mitten in der Nacht.

Schlaf bloß nicht wieder ein, Marlene.

Ich wollte nach dem Lichtschalter tasten, aber ich hatte große Mühe, mich zu bewegen – und dieser grauenvolle Kopfschmerz!

Was hast du denn gestern bloß getan, dass du so leidest?

Ich zermarterte mir den Kopf, doch es gelang mir einfach nicht, mich daran zu erinnern. Ich nahm all meine Kraft zusammen und versuchte, mich aufzusetzen, doch es wollte mir nicht gelingen. Verdammt, ich war völlig bewegungsunfähig.

Ich zitterte jetzt noch stärker. Panik machte sich in mir breit. Warum konnte ich mich denn nicht bewegen?

Du schläfst immer noch. Werde wach, Marlene, es ist nichts weiter als ein Albtraum.

Ich riss die Augen auf und schloss sie wieder, kniff sie fest zusammen. Ein deutliches Zeichen dafür, dass ich wach war, so etwas konnte man nicht träumen, oder doch? Beinahe wünschte ich mir den Schlaf zurück, denn sonst musste ich mir jetzt ernsthaft Sorgen über meinen körperlichen Zustand machen. Ich fror so furchtbar. Meine Decke musste runtergefallen sein, das war wohl auch der Grund für die Steifheit meiner Glieder. Ich musste mich unbedingt zudecken.

Wieder versuchte ich mich aufzurichten, doch fehlte mir immer noch die Kraft dazu. Ich schaute zum Fenster. Merkwürdig, nicht der geringste Lichtschein war auszumachen. Dabei stand nicht weit vom Haus entfernt eine Straßenlaterne. Wie oft hatte ich mich schon darüber geärgert, denn obwohl ich schwere Vorhänge besaß, ließ sich nicht vermeiden, dass Licht ins Zimmer fiel. Doch wieso jetzt nicht, war das Licht ausgefallen? Dazu diese unnatürliche Stille. Ich hörte weder ein Auto, noch die Straßenbahn, die direkt vor meinem Haus entlang fuhr.

So etwas kann vorkommen. Es ist mitten in der Nacht, da fährt die Straßenbahn nicht. Beruhige dich und versuche dich jetzt zu konzentrieren.

Mein Rücken schmerzte als läge er auf Beton. Ich wollte mich umdrehen, ich hatte eindeutig zu lange in dieser Position gelegen. Ich biss die Zähne zusammen und versuchte mit aller Kraft meinen Arm zu bewegen und da, ganz plötzlich, zuckte meine Hand. Gott sei Dank! Ich war offenbar nicht gelähmt. Konnte so etwas überhaupt geschehen, dass man ganz plötzlich über Nacht gelähmt war? Gab es eine solche Krankheit? Es muss ein Nervenleiden sein, das mich befallen hatte. Klar, das konnte schon möglich sein. Ein infiziertes Insekt vielleicht, es gab heutzutage so viele neue Insekten, wer weiß, was sie alles übertragen konnten.

Solange es nur bitte eine vorübergehende Erscheinung war.

Jetzt ganz ruhig bleiben, tief atmen, Marlene, versuch es nochmal.

Ich nahm einen feuchten, modrigen, ja widerlichen Geruch wahr. Diesen Geruch kannte ich nicht. Und schon gar nicht aus meiner Wohnung. Was hatte das nur alles zu bedeuten?

Vor lauter Angst begann ich zu schwitzen. Auf meiner Stirn bildete sich kalter Schweiß.

Steh sofort auf!

Dieses Mal schob sich mein Arm Zentimeter für Zentimeter zur Seite. Mit einem leichten Ruck landete er neben meiner Hüfte. Meine Finger machten zaghafte Tastbewegungen. Es fühlte sich merkwürdig an. Ich erschrak zutiefst. Ich fühlte kalten Stein unter mir. Ich lag eindeutig nicht auf meinem Bett, sondern auf Beton.

Tränen stiegen mir in die Augen.

Was ist mit dir passiert, warum erinnerst du dich denn nicht?

Angestrengt dachte ich darüber nach, was gestern, was vorgestern gewesen war. Ich wusste es nicht. Ich erinnerte mich einfach nicht. Dieser Kopfschmerz, wenn doch nur dieser heftige Kopfschmerz vergehen würde! Ich versuchte, mich mit der rechten Hand hochzustemmen, doch ich war zu schwer dazu, wenn nicht endlich auch die linke Hand mithalf.

Ich begann zu weinen. Nein, bitte, keine Zeit, sich gehen zu lassen.

Reiß dich zusammen und steh endlich auf!

Erneut stemmte ich mich mit aller Kraft auf den rechten Arm und konnte meinen Rumpf nun leicht anheben. Erleichtert rollte ich ein Stück zur Seite.

Jetzt stieß es mir bitter auf, als hätte ich Medikamente genommen. Ich nahm meine ganze Kraft zusammen und zog meine Knie an, schlang meine Arme darum, und mit einem kräftigen Ruck zog ich mich hoch. Jetzt war ich völlig kraftlos, doch wenigstens saß ich nun.

Ich lauschte angestrengt. Es blieb totenstill. Wo war ich bloß und wie zum Teufel war ich hier hergekommen?

„Hallo? Hallo, hört mich jemand?", rief ich mit krächzender Stimme.

„Hallo?" Ich versuchte es lauter.

Dreh dich um und kriech zur Tür, irgendwo wird ja wohl eine Tür sein.

Mühevoll drehte ich mich, begann vorwärts zu robben. Zentimeter für Zentimeter. Ich ertastete die Wand, kroch weiter, Stück für Stück. Nichts stand im Weg, an dem ich mich hätte verletzen können, nicht mein Schreibtisch, an dessen Bein ich mich so oft gestoßen hatte, nicht einmal ein Regal. Dieser Raum schien absolut leer zu sein. Spätestens jetzt gestand ich mir endgültig ein, dass ich nicht zuhause war, dies war kein Traum sondern ein realer Albtraum. Mit der linken Hand ertastete ich die Wand. Plötzlich entdeckte ich – eine Eisentür?

Ich war so matt, dass ich eine Pause einlegen musste. Ich lehnte mich gegen die Wand, umfasste mit beiden Händen meinen hämmernden Schädel und atmete schwer. Ich musste ruhig werden. Ich schloss die Augen und versuchte, die Angst in den Griff zu bekommen, denn sie verstärkten den Schmerz. Als das Hämmern ein wenig nachließ, versuchte ich mich erneut zu erinnern.

Gestern. War ich nicht gestern Abend verabredet gewesen – mit Anja? Ich begann, vorsichtig meine Schläfen zu massieren. Nein, es war anders. Anja war nicht da gewesen. Meine Freundin Anja hatte sich seit längerer Zeit nicht gemeldet. War es nicht so? Erinnerungsfetzen schossen wie Blitze in mein Gedächtnis. Ich machte mir Sorgen um sie. Stimmte das oder bildete ich mir das ein? Ich konnte nicht weiterdenken, mir war speiübel. Ich war kurz davor, mich zu übergeben. Oh nein, bitte nicht, mein Kopf würde platzen. Ich glitt an der Wand herab und legte mich flach auf den kalten Boden.

Konzentriere dich auf deine Atmung. Langsam ein- und ausatmen.

Ich musste wohl vor Erschöpfung eingeschlafen sein, denn als ich erwachte, fühlte ich mich ein wenig besser. Mein Kopf schmerzte immer noch, er drohte aber nicht länger zu explodieren. Erneut setzte ich mich auf. Da war diese Eisentür. Sicher sinnlos, doch ich musste nach der Klinke suchen. Mit einigem Kraftaufwand erhob ich mich. Zittrig stand ich auf meinen Beinen, doch hatte ich es endlich geschafft – ich stand. Mit den Fingern ertastete ich die Tür. Allerdings gab es weder ein Griff, noch ein Knauf – nichts. Ich stemmte mich mit aller Kraft gegen die Tür. Wie bereits erwartet bewegte sie sich nicht. Ein Schluchzer löste sich aus meiner Kehle. Ich biss die Zähne zusammen. Es musste doch eine Lösung geben. Ich schob mich an der Wand entlang, versuchte mir vorzustellen, wie groß dieser Raum sein mochte, aber wegen der völligen Finsternis fiel mir dies schwer. Ich musste ihn mit den Füßen abmessen. Ich schob mich also zurück zur Tür. Von dort aus waren es zwei Meter bis zur Ecke des Raums. Nun machte ich ungefähr einen Meter lange Schritte. Nach dreißig Schritten stieß ich mit dem Fuß gegen einen harten Gegenstand. Ich blieb wie erstarrt stehen. Wenn ich doch nur irgendetwas hätte sehen können! So finster stellte ich mir das Grab vor. Vorsichtig streckte ich den Arm aus und fühlte kaltes Metall. Der Gegenstand war rund und hoch und reichte mir fast bis zum Kinn. Eine riesige Tonne? Ich fuhr mit der Hand am Rand entlang. Die Tonne war verschlossen. Ich streckte den Arm aus, konnte jedoch den gegenüberliegenden Rand nicht erreichen. Also musste die Tonne einen Durchmesser von mindestens einem Meter haben oder mehr, so schätzte ich. Was mochte sich darin befinden? Ich trat dagegen. Sie war definitiv nicht leer. Ich schob mich am Rand der Tonne entlang und erreichte die Wand. Die Tonne stand also in der Ecke des Raumes. Demnach hatte ich von der Tür aus etwa zweiunddreißig Meter berechnet. Ich fragte mich, warum ich all das tat. Warum blieb ich nicht an der Tür sitzen und hoffte auf Hilfe? Ich schüttelte entschieden den Kopf. Darauf zu hoffen war sicher aussichtslos. Außerdem musste ich wohl jederzeit damit rechnen, dass derjenige, der mich hier eingesperrt hatte, wiederkam. Vielleicht fand sich hier ja doch noch irgendetwas Brauchbares, mit dem ich mich würde wehren oder verteidigen können. Also weiter.

Ich hatte fünf große Schritte gemacht, da stieß ich gegen den nächsten Gegenstand. Wie ich sofort feststellte, handelte es sich wiederum um eine Tonne, möglicherweise identisch. Ich musste wohl in einer Art Lagerraum eingesperrt sein. Wieder fuhr ich mit der Hand am Rand entlang. Auch diese Tonne war verschlossen, doch der Deckel bewegte sich etwas. Mein Herz begann zu rasen, wenngleich ich nicht wusste, weshalb. Was würde es besser machen, wenn ich den Inhalt untersuchen würde? Wer weiß, vielleicht befanden sich sogar giftige Chemikalien darin. Plötzlich verspürte ich unbändigen Durst. Und wenn es nun Wasser war? Sogleich ekelte mich dieser Gedanke. Dann war es natürlich abgestandenes Brackwasser. Ich war jetzt so erschöpft, dass ich mich setzen musste. Ich ließ mich an der Wand hinuntergleiten und schlang die Arme um mich. Ich zitterte.

Konzentriere dich, Marlene. Was ist gestern geschehen?

Plötzlich erschienen erneut Bilder in meinem Kopf. Es hing alles irgendwie mit Anja zusammen. Wieder wollten mir die Gedanken nicht gehorchen.

Was ist geschehen, Marlene? Erinnere dich doch!

Ich kniff die Augen zusammen. Da war diese Verabredung gewesen: War es nicht Clemens, den ich hatte treffen wollen? Alles verschwamm vor meinen Augen, noch bevor ich in der Lage war, es deutlich zu sehen. Es hatte keinen Zweck. Mein Kopf verweigerte mir einfach seinen Dienst.

Dieser schreckliche Durst. Ich musste in die Tonne schauen. Vielleicht hatte ich Glück und es war Regenwasser darin. Ich schien verrückt zu werden, dass ich so etwas Unsinniges denken konnte. Wie sollte denn das Wasser da hineingekommen sein? Aber diese ganze Situation war so beängstigend, dass ich nicht anders konnte, als mich an einem kleinen Fünkchen Hoffnung festzuhalten.

Der Deckel war verdammt schwer. Ich drückte und schob, bis er sich endlich ein Stückchen zur Seite bewegte. Ein grauenhaft stechender Geruch stieg mir in die Nase. Würgend wich ich zurück.

Mach den Deckel zu, Marlene. Schnell!

Stattdessen hielt ich mir die Nase zu und ging erneut zu der Tonne. Es war eindeutig fauliges Wasser darin. Was, wenn ich nur einen einzigen Schluck davon trinken würde? Ich hatte so schrecklichen Durst, so unfassbaren Durst! Wenigstens die Lippen benetzen. Ich hatte keine Ahnung, wie lange ich nichts getrunken hatte, aber das ungute Gefühl, dass ich bald verdursten würde. Ich musste verrückt geworden sein, dass ich die Hand in diese ekelhaft stinkende Brühe steckte. Nein, das reichte jetzt. Gerade wollte ich sie angewidert herausziehen, als meine Finger etwas berührten. Ich schrie auf, sprang zurück. Was war das?

2

1. Juni 2016

Geschafft. Endlich hatte ich meine Wohnung bezogen. Ich hatte Glück, denn eine Wohnung in zentraler Lage in Frankfurt war nicht leicht zu bekommen, wenn man nicht horrende Summen dafür ausgeben wollte. Und das wollte ich weder, noch konnte ich es. Ich war neu in dieser Stadt, der kleinsten Metropole der Welt, mit einem Flughafen, den man das Drehkreuz Europas nannte.

Als Maklerin war ich vor einigen Monaten in eine winzige Wohnung in Frankfurt Bornheim gezogen. Sie war nicht nur sehr dunkel, sondern auch laut, denn die Wohnung lag direkt an der Wittelsbacherallee, einer vielbefahrenen Straße, dafür hatte ich eine Straßenbahnhaltestelle direkt vor der Haustür. Dennoch war die Wohnung im Osten von Frankfurt nicht optimal gelegen, wenn ich regelmäßig ins Zentrum fahren musste. Deshalb war für mich nun der geeignete Zeitpunkt gekommen, um im Süden Frankfurts eine Bleibe zu suchen. Schließlich hatte ich vor, in den nächsten Wochen eine Festanstellung im Maklerbüro Richter anzunehmen, einem renommierten Unternehmen wie man mir bestätigt hatte. Zwar war Herr Richter gerade im Urlaub, aber seine rechte Hand, Frau Malmann, hatte die Befugnis, neue Mitarbeiter einzustellen, und ich hoffte inständig, dass Herr Richter mich nicht ablehnen würde. Jedenfalls musste ich mich nun bewähren, dann konnte eigentlich alles gut werden.

Für den Maklerberuf kam es natürlich auch auf die Optik an, wie ich wusste. Selten wurden unattraktive Maklerinnen eingestellt. Ich passte aber durchaus in den Standard, war groß, blond und schlank – ansehnlich, wie man mir oft sagte. Für die passenden Outfits musste ich noch ein wenig sparen, doch für den Anfang war ich gut genug angezogen, gab es in Frankfurt doch auch die Möglichkeit, sich mit einem kleineren Geldbeutel im Business Style einzukleiden. Und wenn ich erst ein paar Aufträge in der Tasche hätte, würde die Sache schon ganz anders aussehen.

Der neue Job jedenfalls war die Gelegenheit, mein Leben in die eigenen Hände zu nehmen. Gebürtig kam ich aus Westfalen. Schon als Kind war mir klar, dass ich nicht in der Provinz bleiben wollte. Ich musste raus aus der Enge der Kleinstadt. Nun war ich sechsundzwanzig, ein wunderbares Alter: ich hatte das ganze Leben noch vor mir. Und ich war verdammt neugierig darauf. Da ich momentan Single war, gab es nichts und niemanden, auf den ich Rücksicht zu nehmen brauchte.

Meine Eltern waren von meinem Berufswunsch nicht recht überzeugt gewesen. Unseriös fanden sie es. „Man braucht keinen Makler, der einem das Geld aus der Tasche zieht“, sagte Vater einmal.

Und dann ausgerechnet ein Pflaster wie Frankfurt. Schrecklich, wie konnte ihre Tochter nur die beschauliche Kleinstadt verlassen? Ich aber entschied aus dem Bauch heraus. Frankfurt war zwar eine Stadt der ewigen Baustellen und sie galt nicht gerade als schöne Stadt, doch entstanden hier ständig neue, interessante und luxuriöse Wohnkomplexe und nicht zuletzt Hilmar Hoffmann hatte Frankfurt sein modernes Gesicht zu verdanken. Immobilien für die Upper Class gab es genug. Schließlich wollten die Banker ja auch gut leben.

Ich schaute mich in meinen vier Wänden um. Eine kleine, aber feine Wohnung auf der Schweizer Straße unweit des Mainufers, erster Stock, unter mir bloß eine Parfümerie. Das Maklerbüro, besser gesagt Frau Malmann, war mir gleich nach meiner Einstellung behilflich gewesen und hatte prompt die ideale Wohnung für mich gefunden, in der ich mich wohlfühlen konnte. Sprach eindeutig dafür, dass sie ein Profi war. Dazu kam, dass ich es von dort aus nicht weit bis zu meinem Arbeitsplatz hatte.

Jetzt galt es nur noch, hier heimisch zu werden und ein paar soziale Kontakte zu knüpfen. Doch die nächsten Abende würde ich allein damit verbringen meine Kisten auszupacken und meine Wohnung einigermaßen einzurichten.

3

11. März 2016

Kaum hatte Viktor seinen Laptop hochgefahren, da kam schon das Geräusch, auf das er gehofft hatte, jenes Geräusch, dass eine Nachricht in seinem Facebook-Account ankündigte. Eine Nachricht oder eine Freundschaftsanfrage, eigentlich egal. Für ihn führte das eine zum anderen. Er mochte die Anonymität des Internets. Man konnte sich ungehemmt ausleben. Es gab genügend dumme Weiber, die sich auf einen Flirt im Internet einließen. Er hatte schon eine ansehnliche Anzahl an Frauen in seinem Account gesammelt. Da fiel die Auswahl schwer, und oft verbrachte er Stunden am Computer, in denen er sich mit einigen dieser „Freundinnen" austauschte. Ein großartiger Zeitvertreib, wie er fand, und seinem Selbstwertgefühl kam es zugute. Doch es hatte noch einen anderen Grund, weshalb er diesen Facebook-Account brauchte: Sein Chef schrieb ihm hier häufig.

Selbstverständlich hatte er sein Profil ein wenig bearbeitet. Das war heutzutage im Internet ja alles kein Problem mehr; ein wenig Unschärfe hier, ein bisschen vollere Haare und das Gesicht etwas verschmälern, schon sah ihm ein recht attraktiver Mann entgegen, der dennoch irgendwie er selbst war.. Wenn er hier eines Tages wirklich die Frau seines Lebens kennenlernen sollte, würde es sich für ihn gelohnt haben.

Er war noch keine vierzig Jahre alt, doch sein Haar lichtete sich bereits. Auch war er wesentlich zu kräftig und unsportlich, sodass seine Haut schlaff und schwammig wirkte. Aber er war groß und gab daher eine eindrucksvolle Erscheinung ab – so meinte er zumindest. Und nicht nur das, er war stark. Bevor er krank wurde, hatte er sich in so manchem Hinterhof mit ehemaligen Kollegen Boxkämpfe geliefert. Einmal war es schlecht ausgegangen. Nicht für ihn, sondern für den armen Kerl, der ins Krankenhaus eingeliefert werden musste. Viktor hatte ihm das Jochbein zertrümmert, das waren noch schöne Zeiten. Viktor selbst hatte nur eine Narbe davongetragen. Eine Narbe unter dem linken Auge und ein leichtes Nervenzucken.

Er sah erneut auf den Bildschirm und grinste. Wieder eine Freundschaftsanfrage und täglich kamen einige neue hinzu. Was würde sein Boss nun dazu sagen?

Er öffnete die neueste Nachricht:

Hey Nick. Gerne würde ich mit dir befreundet sein. Ich habe gesehen, du wohnst auch in Frankfurt, das trifft sich gut, ich bin neu hier. Eigentlich bin ich Polin, doch bin ich in Deutschland aufgewachsen, und nun suche ich hier einen Job, möglichst in einem Maklerbüro, bin nämlich Immobilienfachfrau, musst du wissen, verzeih, wenn ich so viel plaudere, aber die Jobsuche beschäftigt mich zur Zeit einfach sehr.

Viktor lehnte sich in seinem Sessel zurück und klickte die Bilder von Irina an. Eine attraktive Schwarzhaarige. Interessantes Profil, das musste er zugeben, so eine würde sich niemals für ihn interessieren, also für sein wahres Gesicht.

Er schrieb zurück:

Hallo Irina, das klingt ja interessant, da bist du bei mir genau an der richtigen Adresse. Wie der Zufall so spielt, kenne ich tatsächlich einige Maklerbüros in

Frankfurt, kann ja mal meine Fühler für dich ausstrecken, vielleicht treffen wir uns einfach mal.

Er drückte auf senden.

Die Antwort kam postwendend: **Gern.**

Er grinste. Manchmal machte es einem das Leben ja doch recht leicht. Dann klickte er das Profil an, das ihn am meisten interessierte: Anja Malmann. Er schmunzelte. Sie war auch Maklerin. Mittlerweile kannte er sie schon recht gut.

Gerade wollte er den Laptop schließen, da kam eine Nachricht von seinem Boss: **Hey Nick, hast du alles vorbereitet? Sehen uns morgen gegen zwölf, wie besprochen.**

Wird alles zu Ihrer Zufriedenheit erledigt, schrieb er zurück, dann fuhr er den Laptop herunter. Er war sich sicher, es würde heute keine weitere Nachricht kommen.

Viktor stand auf und streckte sich. Jetzt zur Beruhigung erst mal ein kühles Bier. Er öffnete den Kühlschrank. Ein typischer Männerhaushalt, wie er zugeben musste. Außer einem Glas Würstchen befanden sich nur Bierflaschen in den Kühlfächern. Er nahm sich eine und ging zum Fenster. Von hier aus blickte man direkt auf die Cassella, das Chemiewerk. Er lebte in einer Wohnung im dritten Stock, im Stadtteil Fechenheim.

Er löste den Kronkorken am Griff einer Schublade, das leise Zischen begeisterte ihn. Er trank einen großen Schluck direkt aus der Flasche. Dann nahm er sich das Glas mit den kalten Würstchen aus dem Kühlschrank, öffnete es und aß, während er aus dem Fenster schaute. Der triste Blick auf das Chemiewerk vermittelte ihm seltsamerweise eine gewisse innere Gelassenheit. Diese immerwährende Tristesse hatte für ihn etwas Bodenständiges, während viele andere den Anblick sicher als deprimierend empfunden hätten. Viktor jedoch interessierte sich nicht für die Natur.

Er war mit diesem Blick aufgewachsen. Sie hatten von dieser Fabrik gelebt, er und seine Familie. Mehr schlecht als recht zwar, dennoch hatte sein Vater die vier Kinder durchgebracht, als Fließbandarbeiter. Seine Eltern waren vor vierzig Jahren aus Kroatien nach Deutschland gekommen. Der Vater sprach damals kaum Deutsch und hatte keine gute Ausbildung erhalten. Dass er gleich einen Job in der Fabrik bekam, war ein reiner Glücksfall. Seine Eltern hatten damals eine Wohnung im sogenannten „Russländche", einer Arbeitersiedlung der Cassella bezogen. Ein Segen für die Familie.

Doch als Viktor sieben Jahre alt war, wurden die Häuser abgerissen. Für die Familie begannen harte Zeiten. Kurzfristig mussten sie zu Nachbarn ziehen, um nicht auf der Straße wohnen zu müssen, doch schließlich fanden sie auf der gegenüberliegenden Seite des Fabrikgeländes eine kleine Unterkunft. Die Wohnung, in der Viktor heute noch lebte. Er schnaubte verächtlich, wenn er daran dachte, wie eng er mit seinen Geschwistern zusammengepfercht worden war. Wie Tiere hatten sie gehaust! Nur um bessergestellten Leuten Platz für schönere Wohnungen zu machen, mussten die alten Häuser weichen. Heute wurden diese Teile Fechenheims von einer einzigen Immobilienfirma bedient, Immobilien Richter. Auch, wenn es in seinen Augen keine Verbesserung für das Viertel bedeutet hatte, so war ihm klar, dass die maroden Bauten von damals kaum auf den heutigen Standard hätten gebracht werden können. So sehr er sich damals auch über den Abriss geärgert hatte.

Jedenfalls hatte er irgendwann damit angefangen, sich für Immobilien zu interessieren, auch wenn er sich niemals etwas Besseres hätte leisten können. Doch man durfte ja träumen und wer weiß – wenn er es seinem Boss immer Recht machen würde, dann konnte er sich vielleicht irgendwann einmal als Makler qualifizieren.

Er öffnete das Fenster und warf eine der leeren Bierflaschen mit Schwung hinaus. Klirrend zerschmetterte sie auf dem Industriegelände. Sein Blick glitt in die Ferne. Viktor zündete sich eine Zigarette an, inhalierte den Rauch tief in seine Lunge, wölbte seine Zunge und blies kleine blaue Ringe aus.

Er hatte Glück gehabt, schließlich war er in Deutschland geboren. Während seine Geschwister alle zurück nach Kroatien gegangen waren, war er geblieben. All die Jahre war er der Cassella treu geblieben, hatte als Lagerarbeiter gearbeitet. Eine Freundin hatte er damals auch gehabt, Adina. Sie war ebenfalls Kroatin. Eine dralle Brünette. Auch sie hatte in der Fabrik gearbeitet, hatte am Fließband gestanden. Sie hatten heiraten wollen. Er grinste fatalistisch: Sie hätte ihn nie verlassen sollen. Er war so glücklich gewesen damals. Sie hatten perfekt zueinander gepasst, das hatten wirklich alle gesagt. Sie hätte ihm gewiss Kinder geschenkt, er wollte immer Kinder haben; wollte, dass es ihnen einmal besser ging. Er verzog verächtlich das Gesicht. Ja, und dann kam diese Dreckskrankheit, die seine Mutter auszehrte. Wieder zog er an seiner Zigarette. Er hatte sich hingebungsvoll um seine Mutter gekümmert, damals.

Da hatte Adinas Liebe dann wohl irgendwann nicht mehr ausgereicht.

Er drehte sich um. Durch die offene Küchentür hatte man einen Blick in das kleine, spärlich eingerichtete Wohnzimmer mit der zerschlissenen Couch und dem falschen Perserteppich davor. Die Tapeten waren vom Rauchen längst vergilbt, wahrlich kein schöner Anblick. Das Schlafzimmer befand sich in ähnlich schlechtem Zustand. Er schlief in dem alten Bett seiner Mutter. Darin war sie auch gestorben, ihm machte das nichts aus.

All das hatte Adina damals nicht gestört. Selbst der Krebs seiner Mutter hatte sie anfänglich nicht abgeschreckt. Na ja, es war alles noch in besserem Zustand gewesen, damals, doch war es nie gemütlich, wie er zugeben musste, und wahrscheinlich wäre Adina über kurz oder lang unzufrieden geworden. Er schüttelte verständnislos den Kopf. Frauen waren stets unzufrieden.

Am Ende jedenfalls hatte Adina das Siechtum seiner Mutter nicht länger ertragen. Er hasste sie noch heute dafür. Und da hieß es nun: In guten wie in schlechten Zeiten – pah! Sie war dann weggezogen aus Frankfurt und so viel er wusste, war sie heute verheiratet. Das ging alles immer so leicht. Man lernte einfach einen Neuen kennen, zum Kotzen. Man wechselte einfach, ganz nach Belieben, seinen Partner.

Und jetzt, nach all den Jahren, war er selbst an Krebs erkrankt; Lungenkrebs. Auf jeden Fall war er vorerst auf unbestimmte Zeit krankgeschrieben. Er tätigte jedoch nebenbei kleine private Botengänge für den neuen Boss. Das machte ihm Spaß, er fühlte sich wichtig und gefragt. Man lernte eine Menge Menschen kennen und er wurde mehr als großzügig entlohnt, ja nicht nur das, er hatte kürzlich einen alten Golf zum Geschenk bekommen. Für die schwierigste Aufgabe, die er je bewältigt hatte. Ja, er hatte alles richtig gemacht, und niemand hatte ihn gesehen oder hatte auch nur die leiseste Ahnung von dem, was er tat. Er hatte sich dieses großzügige Geschenk redlich verdient, dennoch war es für ihn nicht selbstverständlich. Nie zuvor war ihm irgendetwas geschenkt worden. Und das wollte er auch niemals vergessen.

Die Polizei hatte bisher keinerlei Anhaltspunkte, soviel er wusste. Er lachte. Er war ein Genie! Wenn seine Mutter nur gewusst hätte, welche Fähigkeiten in ihm steckten, sie wäre so stolz auf ihn gewesen. Sie war eine starke Frau, und er liebte und bewunderte starke Frauen. Sie konnten härter sein als Männer, das schätzte er. Nie mehr wieder wollte er sich mit schwachen Menschen umgeben. Wenn er es sich aussuchen konnte, dann suchte er sich lieber weibliche Chefs.

Man musste jedoch nehmen, was man bekam. Und nun, nachdem er so belohnt worden war, würde sein Dasein einen neuen Sinn bekommen, ohne jeden Zweifel. Das Leben hatte für ihn eine glückliche Wende genommen. Endlich. Und noch war es nicht zu spät. Sein neuer kleiner Job machte ihn glücklich, und wer weiß – vielleicht verschaffte ihm sein Boss auch noch den richtigen Arzt, zumindest um ihm die Qualen zu ersparen, wenn es dem Ende zuging.

Er hatte es nicht eilig, nicht damals und nicht heute. Doch nun begann er Mut zu schöpfen. Zuerst jedoch wollte er all seine Pflichten gewissenhaft erfüllen. Auf ihn konnte man sich verlassen.

Er gähnte. Jetzt nur nicht müde werden. Noch eine kleine Kontrollrunde war zu erledigen. Er verließ die Wohnung und brauchte nur wenige Meter, um zu dem Loch in der maroden Bretterwand zu gelangen. Wenn man dort vorbeilief, konnte man kaum erkennen, dass es dort die Möglichkeit zum Einstieg gab, denn er hatte ihn mit einer weiteren Reihe von Brettern gut getarnt. Ganz abgesehen davon, dass hier so gut wie nie jemand herumlief. Das war der Vorteil eines Chemiewerkes. Es war nicht attraktiv genug, um dort spazieren zu gehen.

Er nahm zwei der losen Bretter beiseite und kroch durch das Loch in der Wand. Von innen schob er die Latten zurück. Grob fahrlässig, diesen Teil der Anlage nicht besser zu schützen. Zumal am Haupteingang natürlich Pförtner saßen und das Betreten des Geländes genau kontrollierten.

Er wollte gar nicht wissen, wie viele Giftstoffe hier noch lagerten. Er betrachtete die maroden Backsteinbauten. Sie strahlten eine kuriose Schönheit aus, an der er sich nicht sattsehen konnte.

„Achtung: Einsturzgefahr, Betreten des Gebäudes strengstens untersagt", stand auf einem großen Schild vor dem Eingang. Das kam ihm zupass, denn es würde ihn vor ungebetenen Besuchern schützen. Wer begab schon freiwillig in Gefahr?

Er betrat das leere Gebäude, das er bereits unzählige Male durchschritten hatte. Jedes Mal schaute er zuerst hinauf zum Dachgiebel. Schon möglich, dass das morsche Dach irgendwann einstürzen würde, falls das Gebäude nicht zuvor abgerissen wurde – was durchaus wahrscheinlich war. Doch war er sich sicher, dass das Dach noch eine Weile halten würde, wenn kein Unwetter über das Gebäude hinwegfegen würde. Ganz in der Nähe, unter der Fechenheimer Fußgängerbrücke, wurde bereits eine Fabrikhalle kernsaniert. Doch dieses Gebäude stand einige hundert Meter davon entfernt, es gab viele Gebäude auf dem Gelände und so würde es vermutlich noch einige Zeit dauern, bis man es abreißen würde. Zunächst wollte man die gesamte Fußgängerbrücke abreißen. Wahrhaftig eine Schande, denn es war die längste Fußgängerbrücke Frankfurts, sie verband den Norden Fechenheims mit dem Süden. Ihr Abriss würde ein großes Ärgernis für alle Fechenheimer bedeuten. Ihm war das egal; er hatte Wichtigeres zu tun.

Er lief durch eine große, leere Halle. Hier hatten vor zwanzig Jahren noch Maschinen gestanden. Noch immer lagen leere Fässer herum und sonstiger Müll und Schutt. Am Ende des Saales kam man in einen engeren, langen Korridor, der zu einer Treppe führte. Sie lag im Dunkeln. Licht gab es hier schon lange nicht mehr. Das störte ihn aber nicht, denn er kannte jede Stufe blind, wenngleich er für den Notfall natürlich eine Taschenlampe bei sich trug. Langsam lief er die Stufen herab. Es waren dreißig. Immer, wenn er sie hinab schritt, fühlte er sich mächtig, denn insgeheim betrachtete er diesen Bau als sein Eigentum. Unten angekommen kam man erneut in einen langen, stockfinsteren Gang. Er kannte diesen Gang genau, wie oft hatte er hier alte Farbfässer stapeln müssen. Dennoch nahm er nun seine Taschenlampe aus der Jackentasche hervor, auch wenn er das nicht gerne tat. Denn obwohl ihm hier noch nie ein Mensch begegnet war, würde das Licht einen etwaigen ungebetenen Gast auf ihn aufmerksam machen. Die Halogenlampe erhellte die gesamte Länge des Gangs, von dem aus massive Metalltüren zu weiteren Räumen führten, ehemaligen Lagerräumen ohne Fenster. War bestimmt nicht gesund gewesen, die chemischen Dünste hier einzuatmen. Damals hatte er sich darüber keine Gedanken gemacht. Wenn man jung war, sorgte man sich nicht um die Gesundheit. Schon möglich, dass die Chemie für seinen Krebs verantwortlich war.

Er untersuchte die nagelneuen Riegel. Man brauchte viel Kraft, um sie beiseitezuschieben und noch dazu würde das Schloss, das er besorgt hatte, unerlaubtes Betreten kaum möglich machen. Gerade wollte er die Zahlenkombination drehen, da hörte er ein leises, kratzendes Geräusch. Er erstarrte. Das Geräusch kam näher. Er löschte das Licht seiner Taschenlampe. Etwas kam herbeigeeilt, es war jetzt ganz nah: Trippelnde, kratzende Schrittchen kündigten Ratten an, ja, es waren Ratten. Wie ekelhaft. Er schüttelte sich. Er konnte Ratten nicht ausstehen, sie machten ihm Angst.

„Haut ab", zischte er und stampfte mit den Füßen. Immer wieder stampfte er auf und trat in die Dunkelheit. Eine quietsche, er hatte sie also erwischt, er schaltete die Taschenlampe wieder ein. Ziemlich unwahrscheinlich, dass hier mehr zu erwarten war als abermals Ratten. Abrupt entfernten sich die beängstigenden Geräusche. Viktor wischte sich den Schweiß von der Stirn und machte sich erneut daran, die Verriegelung der ersten Tür zu öffnen.

Und dann, ganz plötzlich war er wieder da, dieser nicht zu unterdrückende Husten. Er schluckte, keuchte, dann kam die Attacke, ihm brach der Schweiß aus. Er hustete heftig und rang nach Luft. Er krümmte sich. Dieser verdammte Schmerz. Mit einem Taschentuch fuhr er sich über den Mund, wischte die Blutspritzer fort. Auch ohne sie zu sehen wusste er, dass sie da waren. *Nein, nicht jetzt, es gibt noch zu viel zu erledigen.* Er wusste nicht, wie viel Zeit ihm noch blieb. Er wusste nur, dass er nicht mehr lange leben würde. Das war auch der Grund dafür, dass ihm alles egal war. Wieder dachte er an den Boss. Nein, etwas war ihm nicht egal: Hätten sie damals mehr Geld gehabt, dann hätte seine Mutter eine bessere Pflege bekommen. Stattdessen schluckte die verdammte Miete das ganze Geld.

Viktor spuckte auf den Boden. Wie ungerecht das alles war! Da rackerten sich Menschen ab, um dann auf grausame Weise zu sterben, während es sich die Reichen gutgehen ließen. Energisch stieß Viktor den Riegel der Tür zurück, das Licht der Taschenlampe erhellte einen großen Lagerraum: An der Wand ganz hinten standen zwei große Fässer. Sie waren nie heraus geräumt worden und es war nicht ganz einfach gewesen, diese randvoll mit Wasser zu füllen. Wozu das gut sein sollte, hatte er nie verstanden, bis er sie im Mai zweckentfremdet hatte. Es war ihm egal, solange er sie nicht leeren musste. Er verließ den Raum, schob den Riegel vor und versperrte das Schloss.

4

15. März 2016

Bernd Hesse betrat prustend das Büro der Frankfurter Mordkommission. Mit einem Aktenordner wedelnd lief er zum Fenster. „Lutz, bist du schon da?“, fragte er.

„Wohl wieder in der Witzekiste geschlafen, was? Guten Morgen erst mal. Und wag es, das Fenster zu öffnen, die Abgase bringen mich noch um.“

„Die Abgase! Wenn du nicht mit dem Rauchen aufhörst, werde ich Verkehrspolizist. Da werde ich wesentlich älter als in diesem Büro.“ Hesse hustete ausgiebig.

„Was meine Tochter nicht fertig bringt, das schaffst du erst recht nicht“, sagte Lutz Weigand. „Hier, willst du eine Schokoladenzigarette? Hat Gaby mir besorgt.“ Er bot seinem jungen Kollegen eine ziemlich echt aussehende Zigarette an.

„Was, die gibt's noch? Dachte, die wären mit deiner Kindheit ausgestorben.“

„Zum einen machst du mich älter als ich bin und zum anderen bist du im Unrecht.

Meine pubertierende Tochter kennt Läden, da würdest du nur so staunen.“

„Richte Gaby meinen Dank für ihre Fürsorge aus. Sag ihr, sie hat was gut, wenn sie es schafft, dir diesen Mist endlich abzugewöhnen.“

„Sag ich ihr. Zu Weihnachten gab's die E-Zigarette, die hat sie jetzt allerdings bei Ebay verkauft. Aber ich wette, sie bleibt trotzdem am Ball.“

Lutz Weigand war Anfang fünfzig und wirkte mit seinen borstigen, dunklen Haaren, dem etwas rundlichen Gesicht und der Nickelbrille eher wie ein Mathematiklehrer als ein Polizist der Mordkommission. Seit mehr als zwanzig Jahren arbeitete er im Frankfurter Polizeipräsidium, war mittlerweile ein hartnäckiger und gewiefter Ermittler – und Kettenraucher. Seine Frau Bettina hatte mit ihrer ausgeglichenen Art stets Verständnis für Weigands anstrengenden Beruf. Gaby, die zwölfjährige, manchmal etwas altkluge pubertäre Tochter, achtete streng auf Weigands Gesundheit, denn ohne ihren Vater würde die Frankfurter Kriminalstatistik ihrer Meinung nach alle bundesdeutschen Grenzen sprengen. In ihrer kindlichen Art hatte sie ihm unbewusst schon so manch hilfreichen Tipp gegeben, besonders beim Skatspielen, was sie für ihr Alter ausgezeichnet beherrschte. Weigands Ansicht nach waren Frauen sowieso die Heldinnen des Alltags.

Mit seiner beruflichen Partnerwahl hatte er sich lange schwergetan, doch seit einem Jahr arbeitete er mit dem jungen Kollegen Bernd Hesse zusammen. Ein noch biegsamer und fleißiger Polizist von gerade mal dreißig Jahren, der ihn an sich selbst in jungen Jahren erinnerte, wenn auch nicht optisch gesehen, denn Hesse war ein athletischer Typ mit dunkelblondem Haar und gute zehn Zentimeter größer als er, so um die einsfünfundachtzig. Hesse war noch unverheiratet, aber in festen Händen. Seine Freundin Julia tat ihm gut und machte ihn zu einem ausgeglichenen und angenehmen Partner mit wachem Verstand und dem Herz am rechten Flecken.

Weigand sah gespannt auf seinen Bildschirm. „Wolltest du dir nicht mit deiner Julia eine größere Wohnung anschaffen?“

„Wie kommst du denn darauf?“, fragte Hesse.

„Es gibt hier ein Maklerbüro, das wir im Auge behalten sollten.“

5

3. Juni 2016

„Da das heute Ihre erste eigene Vermietung wird, werde ich Sie begleiten“, sagte Anja Malmann und grinste. „Sozusagen als moralische Stütze – und falls Sie Hilfe brauchen, natürlich. Ach, wollen wir uns nicht einfach duzen, das ist bei ins so üblich.“

„Sehr gerne, ich bin Marlene.“ Ich reichte ihr die Hand.

„Anja.“

Anja war mir auf Anhieb sympathisch gewesen. Ich schätzte, dass sie ungefähr in meinem Alter war. Anja war kleiner und zierlicher als ich, etwa einen Meter siebzig groß, hatte auffallend schöne, lange schwarze Haare und braune Augen. Sie war gutaussehend und eloquent und auf eine nie zuvor gekannte Weise anziehend – im Grunde genommen das genaue Gegenteil von mir, rein optisch gesehen.

Ich war ausgesprochen froh über das Angebot ihrer Unterstützung. Nicht, dass ich auf den Mund gefallen war, ganz und gar nicht, doch von ihr konnte ich sicher noch das ein oder andere lernen. Außerdem leitete sie die Firma, wenn ihr Chef abwesend war. Dieses Privileg musste man sich erst einmal verdienen.

„Vielen Dank“, antwortete ich, „ich weiß das wirklich sehr zu schätzen.“

Ich nahm das Exposé, steckte es in meine Handtasche und wartete, bis sie ihre schicke Lederjacke angezogen hatte. Das Objekt lag am Mainufer der Frankfurter Seite.

„Hibbdebach und Dribbdebach, nennen das die Alteingesessenen Frankfurter oder auch Hüben und Drüben", erklärte Anja. „Wobei mit Dribbdebach die Sachsenhäuser Seite gemeint ist."

Ich blickte sie verständnislos an. „Ob ich das jemals lerne?"

Ich mochte ihre unkomplizierte Art, hatte einmal mehr das Gefühl, alles richtig gemacht zu haben. Mein Auto, ein in die Jahre gekommenes Golf Cabriolet parkte direkt vor dem Büro, auf der Berliner Straße.

„Ich fahre, wenn du willst", bot ich an.

Anja grinste, als wir im Auto saßen. „Geht mich ja nichts an, aber ich würde dir zu einem etwas flotteren Auto raten, wenn du in diesem Job bleiben willst. Die Kunden sollen doch ein gewisses Gefühl von Exklusivität vermittelt bekommen."

„Eigentlich gebe ich ja nicht viel auf Konventionen, aber du kennst dich in dem Geschäft sicher besser aus. Ich werde es mir zu Herzen nehmen. Mal sehen, wie ich in der nächsten Zeit finanziell aufgestellt sein werde."

Anja begann zu erzählen: „Ich bin erst vor fünf Jahren nach Frankfurt gekommen, habe zuvor in Köln gelebt. Aber ich wollte ein neues Leben beginnen, deshalb ging ich in eine andere Stadt."

Ich sah sie verblüfft an. „Ein neues Leben? Hört sich irgendwie dramatisch an."

Anja winkte ab. „Tut nichts zur Sache, ich kam jedenfalls hierher und suchte eine Wohnung. Die fand ich durch unser Maklerbüro, eine wirklich hübsche Wohnung im Frankfurter Diplomatenviertel."

Jetzt war ich wirklich erstaunt.

„Die muss man sich erst einmal leisten können, alle Achtung." Ich wusste, dass das Diplomatenviertel zu den hochpreisigen Wohngebieten Frankfurts gehörte, denn jeder Makler war froh, wenn er dort ein Objekt anbieten konnte.

„Bereits in Köln habe ich als Maklerin gearbeitet und hatte etwas Geld zur Seite gelegt", fuhr sie fort. „Jedenfalls kam eins zum anderen, und ich bat um einen Job in unserem Büro. Ja, und seitdem bin ich hier. Es ist ein wirklich guter Job und die ganze Zeit war auch alles völlig in Ordnung. Na ja, aber Dinge ändern sich manchmal."

„Wie meinst du das?", fragte ich. „Bist du mit dem Arbeitsklima nicht zufrieden?"

Anja schaute eine Weile aus dem Fenster, während wir am Schauspielhaus wegen einer Baustelle nur im Schritttempo vorwärts kamen.

Ich dachte schon, sie wollte gar nicht weiterreden, doch schließlich antwortete sie: „Vor ein paar Monaten geschah etwas Furchtbares: Mein Chef hatte gerade eine neue Kollegin eingestellt, eine wirklich sehr fähige Frau, unser Alter und sehr sympathisch. Ja, und attraktiv", sie warf mir einen vielsagenden Blick zu. „So wie du, vom Typ her war sie dir wirklich ähnlich. Wir konnten alle nicht recht begreifen, warum sie plötzlich nicht mehr im Büro auftauchte, denn sie hatte sich offensichtlich mehr als wohl gefühlt. Jedenfalls machte sie dem Chef schöne Augen. Und dann, ganz plötzlich, erschien sie nicht mehr."

„Was bedeutet das? Sie hat sich aus dem Staub gemacht? Hat sie sich denn irgendwann wieder gemeldet?", wollte ich wissen.

Anja sah mich mit düsterem Blick an. „Sie nicht, aber die Polizei. Man hat sie am Main gefunden. Sie wurde ermordet!"

Unwillkürlich trat ich hart auf die Bremse, hinter uns hupte es heftig. Ich hob entschuldigend die Hand, dann sah ich Anja an. „Was – ich meine, wie? Wer?"

Sie wirkte niedergeschlagen. „Keiner weiß es. Bisher gibt es wohl noch überhaupt keine Hinweise, soviel ich weiß. Weder können sich ihre Bekannten einen Reim darauf machen, noch ihre Familie, geschweige denn wir, die Kollegen. Das ist schlimm, nicht wahr? Nun, weiß man natürlich nicht, ob die Polizei schon einen großen Schritt weiter gekommen ist, was wir selbstverständlich alle hoffen. "

„Was hat man mit ihr gemacht? Ich meine, wie ist sie ...", ich sprach so leise, dass ich meine eigenen Worte kaum hörte.

„Sie ist auf bestialische Art und Weise ermordet worden. Man fand sie mit durchschnittener Kehle, angeblich fehlten ihre Augäpfel und sie soll etliche Messerstiche im Kopf gehabt haben, mehr weiß ich auch nicht."

Es schüttelte mich. „Was für ein grausamer Gedanke, einen Menschen gekannt zu haben, der einem Verbrechen zum Opfer gefallen ist", sagte ich völlig konsterniert.

Anja nickte. „Es war für uns alle ein großer Schock. Wenn ich ehrlich bin, habe ich sogar überlegt, ob ich kündigen soll, aber was hätte das schon geändert?" Sie wurde nachdenklich, sah mich wieder an. „Tja, da du es sowieso erfahren wirst – leider war das noch nicht alles."

„Wie meinst du das?", fragte ich verwirrt.

„Nachdem Beate nicht mehr bei uns war, stellte der Chef eine Neue ein, Irina. Sie kam aus Polen, sprach aber perfekt Deutsch. Sie war genau einen Monat bei uns."

„Ist sie … ist sie vielleicht wegen Beate nicht mehr gekommen? Ich meine, das kann man ja irgendwie verstehen."

„Das glaube ich nicht. Dann hätte sie gewiss schon viel eher gekündigt. Nein, nein, sie ist komplett von der Bildfläche verschwunden", antwortete Anja. „Sie hat ihre Wohnung bis heute nicht gekündigt. Keiner ihrer Freunde weiß etwas über ihren Verbleib, und ihre Eltern haben sie schon vor geraumer Zeit als vermisst gemeldet."

„Ihr vermutet einen Zusammenhang?"

Anja sah mich mit leerem Blick an. „Was soll ich dazu sagen, man könnte sicherlich auf die Idee kommen. Die Polizei hält sich jedenfalls bedeckt, die Ermittlungen haben wohl zu keinem befriedigenden Ergebnis geführt. Wer kann schon sagen, ob jemand plötzlich Hals über Kopf durchbrennt, um ein neues Leben zu beginnen? Angeblich verschwinden pro Tag einhundertfünfzig bis dreihundert Menschen von der Bildfläche. Viele werden nie wieder gesehen, einfach, weil sie nicht wieder auftauchen wollen!"

„Das ist ja entsetzlich", murmelte ich.

Anja schwieg eine Weile, dann meinte sie: „Harter Tobak, wie? Ich hätte dir das wohl besser nicht gleich am Anfang erzählen sollen."

„Doch, doch, unbedingt. Ich hätte es doch sowieso erfahren, früher oder später." Insgeheim fragte ich mich, wie ich mit alldem wohl würde umgehen können. Anja schien es lockerer zu nehmen, doch sie lebte ja auch schon eine Weile damit.

Du könntest jetzt sofort kündigen. Doch ich verwarf den Gedanken sogleich. Anja hätte sich gewiss schuldig gefühlt, und das hatte sie nicht verdient. „Wenn ich ehrlich sein soll, dann frage ich mich auch gerade, ob es vernünftig war, diesen Vertrag zu unterschreiben … Aber was soll's, jetzt bin ich dabei."

Anja lächelte. „Wahrscheinlich hätte ich dich gar nicht eingestellt, wenn das nicht passiert wäre, mit Irina waren wir nämlich vollzählig, allerdings haben inzwischen wieder zwei Mitarbeiter gekündigt, wir fangen sozusagen gerade wieder von vorne an."

Eine Weile schwiegen wir, dann erzählte sie: „Wir wurden alle von der Polizei vernommen, wegen Beate. Einige sogar mehrfach, doch wie es weitergegangen ist, das haben wir bisher leider nicht erfahren. Und niemand von uns hatte den Mut, mit den Eltern Kontakt aufzunehmen. Es kannte sie ja auch keiner von uns. Wir alle sahen sie nur kurz bei Beates Beerdigung, und später wurden wir auch wegen Irina befragt, ob wir sie für zuverlässig hielten und so weiter. – Hast du eigentlich einen Freund?"

Das war wahrlich ein Quantensprung, ich war etwas irritiert.

„Ich meinte nur, weil du so hübsch bist, da denkt man doch, dass du in einer festen Beziehung bist. Na ja, geht mich natürlich nichts an." Sie lachte. „Wir sind da, am besten du parkst gleich hier. Ja, und um nochmal auf Irina zu sprechen zu kommen, wir haben alle keine Ahnung, ob da überhaupt noch Ermittlungen im Gange sind."

Das waren merkwürdige und zusammenhanglose Worte, fand ich, doch es war natürlich kein Wunder, jeder ging auf seine Weise mit einer solch beklemmenden Situation um. Ich war froh, dass wir nun aussteigen konnten, diese Geschichte hatte mich hart getroffen.

Das Objekt, welches es zu vermieten galt, war sehr luxuriös. Nicht weit vom Bahnhof gelegen standen einige neugebaute Immobilien mit Mainanschluss. Der Blick allerdings war gar nicht so berauschend, denn am gegenüberliegenden Ufer befand sich das Uniklinikum, ein Gebäudekomplex, den man im herkömmlichen Sinne gewiss nicht als schön bezeichnen würde, eben ein typisches Klinikum.

Anja hatte wohl meinen skeptischen Blick bemerkt. „Wenn der Wind ungünstig steht, riecht man hier auch noch die Kläranlage vom Westhafen. Aber das erwähnt man natürlich nicht. Die Kunst ist, dem Interessenten all die schönen Seiten schmackhaft zu machen – und hier riecht es niemals, verstehst du, niemals."

Sie zwinkerte mir zu.

Die Wohnung, um die es sich handelte, lag in der zweiten Reihe der Neubauten und war durch einen künstlich angelegten Kanal von der ersten Häuserreihe, den noch exklusiveren Wohnungen, getrennt. Dort gab es für die Großverdiener sogar Bootsanlegeplätze, die von beiden Hausreihen aus zugänglich waren. Beim Anblick dieser recht großen Jachten musste ich unweigerlich an Nizza denken. Die Wohnung lag im vierten Stock, dreieinhalb Zimmer, großzügig geschnitten. Natürlich mit offener Küche, einem wundervollen Badezimmer, eigentlich eher ein Spa-Bereich mit Sauna, offener Dusche, einer Badewanne mit Whirlpool-Funktion und großen, bodentiefen Fenstern. Selbstverständlich fehlte auch die schöne Terrasse nicht, von der aus man auf den kleinen Kanal blickte, im besten Fall auf das eigene Boot, und weiter hinten auf den Main.

„Und zur Linken blickt man auf das ‚Gerippte'", bemerkte Anja und deutete auf ein rundes, völlig verglastes Hochhaus. „Es hat diesen Namen bekommen, weil es einem Apfelweinglas ähnelt. Und du weißt sicher längst: die Hessen trinken gerne Apfelwein."

Natürlich war mir das nicht neu, denn ich wohnte schließlich in unmittelbarer Nähe vom Wagner und dem Gemalten Haus.

Ich musste mich an die hohen Mietpreise in dieser Stadt erst noch gewöhnen: So schön konnte eine Wohnung in meinen Augen kaum sein, um dafür dreitausend Euro ohne Umlagen zu bezahlen – und nach oben waren den Mietpreisen kaum Grenzen gesetzt. Doch ich musste die Wohnung ja nicht mieten, sondern vermieten. Ich musste den Kunden die Immobilie nicht nur schmackhaft machen, sondern ihnen vermitteln, dass sie ihr Geld wert war, nein, dass sie soeben ein Schnäppchen gemacht hatten.

Im Nachhinein war es natürlich Anjas Verdienst, dass wir diese erste Immobilie vermieteten. Mir fehlten wohl doch noch die richtigen Worte. Hinzu kam natürlich der Schock, den ich auf der Hinfahrt erlitten hatte. Ein Banker mietete das Objekt als Zweitwohnung, nur für die Zeit, in der er sich in Frankfurt aufhalten würde, denn sein Hauptwohnsitz war Berlin, natürlich im teuren Grunewald.

Noch zwei weitere Termine standen an diesem Tag an. Die nächste Besichtigung lief schon ein wenig besser. Wieder eine Wohnung am Main, ganz in der Nähe der Europäischen Zentralbank. Anja hielt sich diskret im Hintergrund, pflichtete mir stets bei, wenn ich auf die Vorteile der Wohnung und ihrer exponierten Lage hinwies. Das Objekt hatte vier Zimmer und die Frau hatte deutlich mehr zu bemängeln als der Mann.

„Wo ist die Küche?"

„Dieser große Raum hier", sagte ich und deutete in die entsprechende Richtung.

„Ich sehe nichts, womit soll ich da kochen?"

„Die meisten Mieter möchten ihre Küche erfahrungsgemäß lieber selbst einrichten, besonders bei einer so exklusiven Immobilie. Wie schade wäre es da wohl, wenn die Küche nicht Ihrem sicher sehr exklusiven Geschmack entsprechen würde?", antwortete ich, wofür ich sogleich einen anerkennenden Blick von Anja erntete.

Der Mann nickte erfreut. „Richtig, und du kannst dich frei entfalten Schatz, das liebst du doch, nicht wahr?"

„Sind Haustiere erlaubt?"

„Nein, leider nicht."

„Aber wir haben doch auch gar keine."

Sie warf ihrem Mann einen strafenden Blick zu. „Man wird ja wohl mal fragen dürfen!"

Ein Blick zu Anja machte mir deutlich, dass sie wesentlich entspannter war als ich.

Die Dame nörgelte noch ein wenig herum, weshalb ich schließlich diplomatisch lächelnd, so wie ich es gelernt hatte, sagte: „Wir haben natürlich auch noch zwei andere Objekte für Sie vorbereitet. Vielleicht sollten wir diese Besichtigung jetzt abbrechen, wenn diese Wohnung eher nicht für Sie infrage kommt."

„Wer sagt, dass wir die Wohnung nicht wollen? Wir nehmen sie, nicht wahr Schatz?"

Der Ehemann war spürbar erleichtert und bot uns die Hand.

„Gut gemacht“, lobte Anja, als wir wieder auf der Straße standen. „Man braucht schon ein gewisses schauspielerisches Talent dafür, nicht wahr? Du bist jedenfalls talentiert.“

Ich freute mich riesig über dieses Lob. Schließlich sah ich in meinen Terminkalender. „Hier steht noch ein Niklas Wenz auf der Agenda, wegen einer Wohnung im Ostend.“

Anja sah auf die Uhr. „Der schon wieder, er ist jetzt schon seit einem Jahr Kunde bei uns. Ein skurriler Typ. Ich habe mit ihm bereits etliche Wohnungen besichtigt, er gehört sozusagen schon zum Inventar. Wahrscheinlich hat er gehört, dass wir eine neue Maklerin haben.“ Sie grinste mich an. „Ist womöglich mehr interessiert an den Damen als an den Immobilien. Na, vielleicht kannst du ihm ja endlich zu der passenden Wohnung verhelfen. Was meinst du, traust du dir das alleine zu? Ich komme sonst mit meinem Termin in Bockenheim in Schwierigkeiten.“

„Klar“, log ich. Eigentlich war es mir überhaupt nicht recht, doch ich wollte schließlich einen guten Eindruck hinterlassen. „Ich gebe mein Bestes. “

Da ich etwa zehn Minuten zu früh vor dem Wohnkomplex im Ostend stand, sah ich mich noch ein wenig um und lief dabei Richtung Mainufer. In dem Neubaukomplex war Platz für unzählige Menschen, die nun bald Tür an Tür wohnen würden, obwohl sie sich wahrscheinlich nie zuvor begegnet waren. Ich konnte mir nicht recht vorstellen, so zu leben und wenn es noch so schicke Wohnungen waren. Viele der künftigen Bewohner würden wohl gemeinsam in der Europäischen Zentralbank arbeiten, nahm ich an. Alles unterschied sich sehr von dem kleinen beschaulichen Ort, wo jeder jeden kannte.

In Gedanken war ich immer noch oder schon wieder bei meiner ermordeten Kollegin. Wie war doch gleich ihr Name? Beate und wie weiter? Ich hatte gar nicht gefragt. Es tat auch eigentlich nichts zur Sache. Viele Fragen schossen mir durch den Kopf: In welchen Kreisen mochte sie verkehrt haben? Hatte sie mit der Drogenszene zu tun gehabt oder war sie mit Kriminellen in andere Geschäfte verwickelt gewesen? Wo hatte sie ihren Mörder kennengelernt? Kannte sie ihn überhaupt oder war sie ein zufälliges Opfer gewesen? Von so einem grausamen Mord las man im Allgemeinen nur in Krimis. Einfach schrecklich, dabei liebte ich Krimis – ob ich wohl jemals wieder Gefallen daran finden konnte? Ich war froh, dass ich ihr nie begegnet war und doch fühlte ich mich auf gewisse Weise mit ihr verbunden. Ich wünschte, ich könnte aufhören, über sie nachzudenken. Vielleicht hatten meine Eltern ja recht und diese Stadt war nicht das Richtige für mich.

Ich sah auf die Uhr. Beinahe hätte ich den Termin vergessen. Ich musste schnell zurück.

Der Mann, mit dem ich verabredet war, stand bereits vor der Tür.

„Herr Wenz?", fragte ich, als ich schließlich ziemlich abgehetzt und deutlich erhitzt vor ihm stand.

Er wirkte ungehalten. „Ich bin es nicht gewohnt, dass man mich warten lässt! Und wo zum Teufel ist Frau Malmann? Ich bin mit Frau Malmann verabredet!", schimpfte er und musterte mich unverhohlen von Kopf bis Fuß.

„Sie lässt sich entschuldigen, sie hat einen unaufschiebbaren Termin. Ich werde mir Mühe geben, sie angemessen zu vertreten. Mein Name ist Kern, Marlene Kern."

Wenz streckte mir seine riesige, feuchte Hand entgegen.

Wenz war mir nicht nur unsympathisch, ich fand ihn geradezu abstoßend. Er trug eine dunkle Sonnenbrille, hinter der sich seine Augen nur schwer ausmachen ließen, und er sah ungepflegt aus. Das volle, dunkle Haar schien nicht zu seinem Gesamtbild passen zu wollen. Doch dazu wirkte er auf mich nicht liquid, ich konnte mir kaum vorstellen, dass der Mann sich eine solch luxuriöse Wohnung überhaupt leisten konnte. Doch was hatte ich gelernt: ich musste über das Äußere hinwegsehen und zumindest erst einmal davon ausgehen, dass der Kunde wusste, was auf ihn zukam – schließlich war er König.

Die Wohnung, die wir uns anschauten, lag im ersten Stock und war noch bezogen.

„Die Mieter werden in vierzehn Tagen ausziehen."

Wenz sah mich an. „Warum denn der erste Stock? Ich habe Frau Malmann doch ausdrücklich gesagt, dass ich nicht in den ersten Stock ziehen möchte."

Ich blickte ihn verwirrt an. „Das wusste ich nicht. Wenn das ein Ausschlusskriterium ist, dann sollten wir die Besichtigung lieber direkt abbrechen." *Schlecht, Marlene, das ist die falsche Verkaufsstrategie: Du solltest das nicht bei jeder Besichtigung erwähnen,* doch Wenz war mir nicht geheuer und ich wollte ihn so schnell wie möglich loswerden.

Wenz grinste breit. „Bringe ich Sie aus dem Konzept? Nur Mut, überzeugen Sie mich", sagte er und starrte dabei von oben in meinen Ausschnitt. „Dann wird ihr Boss zufrieden sein."

Ich fühlte mich unwohl, dieser Mann machte mir Angst. Das lag jedoch sicher nicht zuletzt daran, dass es die erste Besichtigung war, die ich alleine durchführte. Ich musste souverän wirken, durfte mich nicht aus dem Konzept bringen lassen.

Wir betraten die Küche, die eingerichtet und in gutem Zustand war.

„Die Küche ist im Mietpreis enthalten."

Er sah sich die Küche genau an, öffnete den Kühlschrank, sah in die Schränke.

„Ich darf Sie doch bitten, die Küche ist noch nicht ausgeräumt. Das ist Privateigentum."

„Soll ich denn etwa die Katze im Sack kaufen?", fragte er. „Aber mal im Ernst, die Küche ist sehr groß für einen Single wie mich, finden Sie nicht? Oder werden Sie mir ab und zu Gesellschaft leisten?" Er sah mich mit lüsternem Blick an. „Sie sind wirklich eine attraktive Frau. Haben Sie keine Angst, sich mit fremden Männern wie mir in leeren Wohnungen zu verabreden? Man hört doch so viele schlimme Dinge!"

Mir lief ein kalter Schauer über den Rücken. „Bitte, bleiben Sie doch sachlich, Herr Wenz."

Wenz lachte laut. „Jetzt habe ich Ihnen aber Angst gemacht, nicht wahr? Nein, die Wohnung kommt nicht infrage. Besorgen Sie mir was Passenderes. Mir reicht eine kleine Küche und ein Zimmer zum Wohnen und Schlafen. Dann sehen wir uns garantiert wieder." Er verließ die Wohnung ohne ein weiteres Wort.

Ich setzte mich für einen Moment in den großen Sessel, der im Wohnzimmer stand, ich hatte weiche Knie und nahm mir vor, Anja zu sagen, dass ich keine weitere Besichtigung mit diesem Menschen machen würde.

* * *

Als ich an diesem Abend zuhause war, wickelte ich mich in eine dicke Decke ein, obwohl es draußen bereits recht warm geworden war in diesem Frühsommer. Mit einer Tasse Tee kauerte ich mich auf das kleine, gemütliche Sofa und dachte über die Worte meiner Eltern nach: „Eine Großstadt wie Frankfurt mit einer derart hohen Kriminalitätsrate! Du kennst dort niemanden, was willst du da nur?", das waren exakt die Worte meines Vaters gewesen.

Nun lass dich doch nicht so aus dem Gleichgewicht bringen, nur wegen der anzüglichen Bemerkung irgendeines unsympathischen Mannes. Das hätte dir doch überall passieren können.

Das stimmte natürlich, und ich war mir auch nicht sicher, ob es wirklich an seiner Aussage gelegen hatte, sie spielte eher eine zweitrangige Rolle. Ich hatte an diesem Tag einfach Dinge erfahren, die ich lieber nicht hätte hören wollen. Und so war ich unglaublich froh darüber, dass morgen Wochenende war.

Ich beschloss, mit Anja nicht über mein heutiges Erlebnis zu sprechen. Sie würde mich vielleicht für inkompetent halten.

6

Gefangen

Ich hatte mich übergeben und saß, unfähig mich zu bewegen, neben der Tonne, die Arme um meine Beine geschlungen. Ich weinte und weinte. Ich weiß nicht, wie lange ich gebetet hatte, dass das alles nur ein Albtraum sein möge. Immer wieder wischte ich mir die Finger an meiner Jeans ab, doch konnte ich mich einfach nicht beruhigen. Ich würde das, was ich dort ertastet hatte, nie wieder vergessen können. Warum nur musste ich auch diesen Deckel öffnen? Ich versuchte, mich zu entspannen.

Und was, wenn es nur irgendwelche Spinnenfäden waren? Nein, Unsinn, doch nicht im Wasser! Mach dir nichts vor, Marlene, es waren Haare.

Erneut blitzten Erinnerungsfetzen in meinem Gedächtnis auf: Anja hatte sich in der Bar mit mir treffen wollen, war es nicht so?

Ich zwang mich, ruhig zu werden und gleichmäßig zu atmen, damit ich nicht ohnmächtig wurde. Wobei sich mir die Frage stellte, ob es nicht besser wäre, wenn ich einfach wegdämmern würde. Wie sollte ich mich jemals aus dieser schrecklichen Lage befreien? „Lieber Gott, so hilf mir doch!"

Ich rieb meine Schläfen, kniff die Augen zusammen.

Ich hatte zur Polizei gehen wollen. Jetzt sah ich die Situation deutlich vor mir: ich hatte wegen Anja zur Polizei gewollt. Sie hatte große Angst, das hatte sie mir am Telefon gesagt. Ich hatte mit Tobias, dem Neuen, darüber gesprochen. Er hatte gesagt, ich solle ihr ein Treffen vorschlagen. Was dann? Irgendwie hing alles mit Clemens zusammen oder täuschte ich mich? Dann schließlich dieser beunruhigende Anruf, diese Stimme: Jemand hatte bedrohliche Dinge geflüstert und ich, ich hatte daraufhin bei der Polizei angerufen. Ja, so war es gewesen. Ich erinnerte mich. Und wenig später war es zu diesem Autounfall gekommen und plötzlich war sie wieder da gewesen.

* * *

Ich hörte ein Geräusch! Ich traute mich kaum noch zu atmen. War das Einbildung? Konnte es die ersehnte Hilfe sein, suchte man mich endlich? Hatte Clemens die Polizei alarmiert? Ich lauschte wie gebannt, konnte jedoch nichts mehr hören. Vielleicht war es doch Einbildung gewesen. Oder war ich vielleicht in einem Wohnhaus gefangen und über mir befand sich eine Wohnung? Enttäuscht und erleichtert zugleich lehnte ich mich mit dem Rücken gegen die Wand und ließ den angehaltenen Atem frei. Ich hatte keine Ahnung, wie lange ich mich hier schon befand. Waren es Stunden oder gar Tage? Das Zeitgefühl hatte mich in dieser absoluten Finsternis längst verlassen. Gerade wollte ich mich aufraffen, um den Rest des Raumes abzumessen, da hörte ich das Geräusch erneut, dieses Mal deutlicher. Es war eindeutig keine Einbildung, es waren Schritte, die langsam näher kamen, zwischendurch zu verharren schienen, dann immer deutlicher wurden.

Sollte ich mich bemerkbar machen? War es mein Peiniger oder war es mein Retter, das galt es abzuwägen. Die Angst überwog eindeutig, ich würde mich ruhig verhalten. Die Schritte waren jetzt so nah, dass in wenigen Sekunden wohl die Tür aufgehen würde. Ich rutschte direkt neben die Tonne und machte mich so klein ich nur konnte.

Mit lautem Quietschen wurde ein schwerer Metallriegel bewegt. Die Tür ging auf und augenblicklich erstrahlte mein Gefängnis in grellem Licht. Ich hielt verzweifelt die Arme vor meine Augen, um mich vor dem ungewohnten Licht zu schützen, dann wurde ich entdeckt.

„Da hast du dich also versteckt", raunte die Stimme.

Ich blickte auf, konnte allerdings nichts erkennen. Der Schein der Lampe war viel zu grell.

Mit lautem metallischem Scheppern wurde etwas auf dem Boden abgestellt.

„Hier ist ein Eimer, falls du mal musst. Ich möchte nicht, dass du auf den Boden scheißt, verstanden?"

Ich nahm all meinen Mut zusammen: „Bitte, bitte, das muss eine Verwechslung sein. Bitte, lassen Sie mich frei! Ich muss dringend nach Hause, man sucht mich bereits."

Das Lachen, welches darauf folgte, hörte sich unmenschlich und grausam an. „Hat man dich informiert oder hast du telepathische Kräfte?" Erneut dieses abscheuliche Lachen.

„Bitte, verstehen Sie doch! Es … es gibt Leute, die mich suchen werden. Es wäre besser, wenn Sie mich gehen ließen, ich werde auch bestimmt nichts verraten, ganz sicher, bitte! Ich … ich weiß, das werden Sie nicht glauben, aber Sie können sich wirklich auf mich verlassen, das schwöre ich Ihnen! Ich werde alles vergessen sowie ich im Freien bin, ganz bestimmt! Bitte, so hören Sie doch!“ Ich begann zu weinen, wusste natürlich, dass die Floskeln, die ich stammelte, völlig nutzlos waren.

„Hör auf zu heulen, das ändert nichts an deiner Lage, das macht mich nur wütend“, blaffte die Stimme. „Warum musstest du auch nach Frankfurt kommen, du bist selbst schuld.“

„Mein Gott, wenn Sie das stört, bitte lassen Sie mich gehen: Ich werde sofort hier weggehen, das verspreche ich Ihnen! Ich ... ich habe etwas Geld gespart, Sie können alles haben, wirklich, alles, was ich besitze. Ich werde Frankfurt verlassen, das wollte ich sowieso, ich habe sogar schon gekündigt. Lassen Sie mich frei, ich bitte Sie! Ich kann Sie ja außerdem gar nicht verraten, ich sehe Sie ja überhaupt nicht“, flehte ich und fragte mich entsetzt, woher dieser Mensch davon wusste, dass ich erst kürzlich hierhergekommen war.

„Dieses Pflaster hat dich bereits verschlungen. Es ist zu spät, viel zu spät“, zischte die Stimme.

Das Licht erlosch, die Person war im Begriff, den Raum zu verlassen.

„Nein, bitte, warten Sie! Gehen Sie nicht! Bitte, wir können doch darüber reden.“ Ich schluchzte jetzt. „Bitte!“ Ich weinte bitterlich und konnte mich nur schwer wieder beruhigen, doch er war immer noch da. Ich riss mich noch einmal zusammen. „Kann ich ... kann ich wenigstens etwas zu trinken bekommen? Ich habe so schrecklichen Durst.“

Erneut Gelächter. „Trink aus der Tonne, ich sehe, du warst schon dran.“

Dann knallte die Metalltür, und der Riegel wurde von außen wieder dagegen geschoben.

„Nein!“, schrie ich. „Lassen Sie mich frei!“

7

11. Juni 2016

„Ich würde dir raten, dich auch bei Facebook anzumelden, dann können wir uns Nachrichten schreiben. Und hier, schau ihn dir an." Anja zog ihr Handy aus der Tasche und öffnete Facebook. „Wie findest du ihn?"

Ich beugte mich zu Anja herüber. „Nicht schlecht, wirklich nicht schlecht – ich meine, wenn das Profil echt ist."

Der Mann sah recht interessant aus, wenngleich das Bild sehr unscharf war. Es hätte mich nicht gewundert, wenn ich das Bild schon einmal auf einem Werbeplakat gesehen hätte. Er nannte sich „Nick und Wersonst".

Anja fixierte mich mit einem unergründlichen Blick. „Warum glaubst du, sollte es nicht echt sein? Ja klar, es gibt natürlich auch Fake-Profile und das nicht zu knapp. Aber nicht bei ihm." Anja sah mich lächelnd an. „Glaub mir, als Maklerin hat man Menschenkenntnis, ich kann dir ziemlich genau sagen, vor wem du dich in Acht nehmen musst, das kannst du mir glauben. Was hätte dieser Mann davon, sich ein falsches Profil zuzulegen? Spätestens wenn man sich träfe, würde es doch auffliegen, wie dumm müsste er also sein? Und dass er seinen Namen nicht gleich preisgeben will, spricht das nun unbedingt gegen ihn?"

„Du willst ihn also treffen?"

„Aber natürlich."

Es war einer dieser warmen Junitage und wir saßen im Operncafé bei einem Glas Wein. Seit einem Monat war ich bereits in dem neuen Büro. Noch immer hatte ich meinen Chef nicht kennengelernt, doch mit Anja hatte ich mich bereits angefreundet. Ja, es war erstaunlich: Ich kannte sie erst so kurz, dennoch hatte ich das Gefühl, dass ich ihr alles anvertrauen konnte, wie sie mir auch, da war ich mir sicher.

Ich lehnte mich zurück, da die Sonne mich blendete. „Ich will dir wirklich nicht zu nahe treten und ich gönne dir diesen Mann von ganzem Herzen, dennoch hast du ihn noch nicht getroffen. Ich meine nur, du solltest nicht zu blauäugig sein, du hast ja beinahe am eigenen Leib gesehen, wohin das führen kann."

„Ach Marlene, was soll schon in einer dieser belebten Bars passieren? Wenn ich mich unwohl fühle, dann gehe ich eben einfach wieder", meinte Anja und winkte ab.

„Was hältst du davon, wenn ich mich irgendwo in der Nähe aufhalte? Ich meine nur zu deiner Sicherheit. Niemand würde etwas davon erfahren und du könntest mir eine SMS schreiben oder mich einfach anrufen, dann komme ich und hole dich ab."

Anja sah mich unverwandt an. „Also entweder spüre ich jetzt ganz deutlich das Mädchen vom Lande oder du bist selbst scharf auf ihn." Zum Glück lachte sie, als sie das sagte, sonst hätte ich es ihr ernsthaft übel genommen.

„Ist ja schon gut, lass uns einfach das Thema wechseln."

Wir saßen noch eine ganze Weile beisammen, redeten über die letzten Kunden, die schönsten Immobilien und dies und jenes, bis wir uns schließlich auf den Heimweg machten. Während der Fahrt dachte ich lange Zeit darüber nach, ob ich einfach zu ängstlich war. Ich hielt nicht viel von den ganzen Internetportalen, ich bevorzugte das Kennenlernen eher auf übliche Weise. Wahrscheinlich war ich wirklich das Mädchen vom Lande.

Aus unerklärlichen Gründen setzte ich mich dennoch an diesem Abend vor meinen PC und meldete mich bei Facebook an. Ein merkwürdiges Gefühl war das, in diesem mir völlig unbekannten Portal Dinge von mir preiszugeben. Ich runzelte die Stirn, als ich ein völlig unscharfes Profilbild von mir einstellte und es prüfend betrachtete: Nein, beim besten Willen, selbst meine Freunde würden nicht mit Gewissheit sagen können, dass es sich um mein Profil handelte. Nun kam es mir nicht mehr so merkwürdig vor, dass dieser Nick ein ebenso unscharfes Profilbild eingestellt hatte, er mochte dieselben Beweggründe gehabt haben wie ich.

M. Kerner nannte ich mich, das schien mir vernünftig zu sein. Ich klickte auf „Informationen". Beruf: Keine Angaben, Alter: Keine Angaben, Hobby: Keine Angaben, Wohnhaft in: Frankfurt. Beziehungsstatus: Verheiratet. Das würde mich vor ungewollten Nachrichten schützen, dachte ich. Nun gab ich oben in der Leiste Anjas Namen ein und klickte auf „Freundschaftsanfrage". Schließlich klickte ich auf Nachricht senden und schrieb: **Nur damit du dich nicht so einsam fühlst, Gruß M.**

Ich sah mir Anjas Profil an: Für meinen Geschmack viel zu viele Informationen, außerdem hatte sie über siebenhundert Freunde auf ihrer Liste. Unbegreiflich, doch wer weiß, vielleicht war ich einfach zu ängstlich, und sie hatte recht. Was ging es mich an? Schließlich hatte ich sie erst vor kurzem kennengelernt. Sie stand mit beiden Beinen im Leben, ganz eindeutig mehr als ich.

Plötzlich fing mein Bauch an, lautstark zu grummeln. Vor lauter Internet hatte ich ganz vergessen, mir etwas zu Essen zu machen. Ich sah auf die Uhr, bereits halb neun. Ich streckte mich, stand auf und quälte mich in die Küche. Wenn ich nicht aß, würde ich wieder diese heftigen Kopfschmerzen bekommen. Im Kühlschrank erwartete mich gähnende Leere, ich hatte nichts eingekauft. Da ich mich jedoch in unmittelbarer Nähe der Sachsenhäuser Gastronomie befand, entschied ich, mich bei dem schönen Wetter in ein Apfelweinlokal zu setzen.

Ich brauchte nur etwa zweihundert Meter die Schweizer Straße hoch zu laufen und schon stand ich vorm Apfelwein Wagner, in dessen Garten ich mich setzen wollte, falls ich noch einen Platz finden würde. Die Menschen drängten sich eng zusammengepresst auf Bierbänken – in diesem Fall waren es wohl Apfelweinbänke –, dazu noch diese Lautstärke. Aufgeheizt vom Alkohol waren ihre Gespräche lauter als gewöhnlich und hitzköpfig. Eigentlich konnte ich das nicht ausstehen, doch würde ich mich hier nur sehr kurz aufhalten, nur ein schnelles Abendessen. Ich fand tatsächlich noch einen freien Platz in einer sich munter unterhaltenden Gruppe junger Menschen.

„Ich habe dich hier noch nie gesehen“, sagte einer der Männer, der in meinem Alter zu sein schien und mir mit seinem Apfelweinglas zuprostete. Er sah ziemlich gut aus mit seinem leicht gebräunten Teint, den dunklen, gewellten Haaren und den grünen, sympathischen Augen, die machten ihn auf den ersten Blick geheimnisvoll, fand ich. Es irritierte mich, dass er mich duzte, aber das tat hier wohl jeder mit jedem. Also lächelte ich und erklärte: „Ich bin das erste Mal hier."

Die Bedienung kam und stellte mir ganz automatisch ein Glas Apfelwein vor die Nase. Ich bedankte mich und prostete ihm zu. „Ist auch mein erster Apfelwein."

Er machte große Augen. „Dann sei mal bloß vorsichtig, das Zeug hat es in sich." Er grinste mich an. „Mein Name ist übrigens Clemens."

„Hallo Clemens, ich heiße Marlene", antwortete ich. „Was passiert, wenn man es trinkt?", wollte ich wissen und nippte an dem sauren Getränk.

„Sagen wir so, nicht jeder Magen gewöhnt sich direkt daran. Die Toiletten sind aber gleich um die Ecke." Er deutete auf eine Tür in der Nähe und grinste breit. Ich konnte nicht darauf antworten, da die Bedienung nun fragte, was ich bestellen wollte. Ich entschied mich für einen Handkäs' mit Musik. Das sei ein kleiner, runder Sauermilchkäse, der mit Zwiebeln, Essig und Öl angemacht wird, das klassische Essen zu einem Glas Apfelwein, klärte sie mich auf. Ich hatte davon bereits gehört und wollte den Handkäs' nun auch unbedingt einmal probieren. Clemens mir gegenüber staunte nicht schlecht.

Ich lachte. „Warum nennt man es eigentlich Handkäs mit Musik?"

„Na ja, der Käse gärt ganz schön, dazu kommen die Zwiebeln, alles Weitere wird dein Magen entscheiden." Er lachte laut und ich fühlte mich auf einmal sehr mutig wegen meiner Bestellung.

„Ich nehme an, du bist auf der Durchreise?"

Ich schüttelte den Kopf und nippte erneut an meinem Apfelwein. „Bin gerade hierher gezogen. Ich bin Westfälin."

„Das ist ja interessant, was führt dich denn nach Frankfurt, dein Mann?"

Ich schüttelte den Kopf. „Bloß der Job. Ich bin nicht verheiratet."

Just in diesem Moment kam mein Essen. Erstaunlich schnell, wie ich fand.

Clemens lachte, er schien meine Gedanken erraten zu haben. „Sie müssen ihn ja nicht kochen. Lass es dir schmecken."

Ich bedankte mich und aß mit großem Appetit, dabei trank ich Apfelwein in großen Schlucken. Clemens beobachtete mich die ganze Zeit. „Zumindest schmeckt es dir."

Ich nickte: Ich fand es in der Tat ausgezeichnet.

„Lass mich raten – ich meine, ich hoffe es stört dich nicht, dass wir uns unterhalten?"

Ich schüttelte den Kopf und sagte mit halbvollem Mund: „Kommt drauf an, was du so wissen willst." Ich grinste. „Nein, nein, ist schon okay."

„Gut, dann sag mir, bist du Pädagogin oder Psychologin?"

Ich lachte. „Sehe ich tatsächlich so aus?"

„Also habe ich ins Schwarze getroffen?"

Ich schüttelte den Kopf. „Maklerin."

Er sah mich erstaunt an. „Das ist nun wirklich eine Überraschung."

„Ist es das?", fragte ich verwundert.

„Ich kenne einige Makler, bei wem bist du?"

„Richter Immobilien."

Er sah mich verblüfft, aber lächelnd an. „Toll und wie findest du es da?“

Ich spülte das Stück Käse mit einen Schluck Apfelwein herunter, um antworten zu können: „Es gefällt mir, ich habe eine nette junge Chefin, na ja, eigentlich ist sie bloß die rechte Hand des Chefs, aber der ist im Urlaub. Jedenfalls mag ich sie, und wir hatten schon einige gemeinsame Wohnungsbesichtigungen, bin schon einige Tage dabei.“ Ich sah ihn an und hob entschuldigend die Hände. „Tut mir leid, ich rede viel zu viel, das ist ja für dich völlig uninteressant, muss wohl am Apfelwein liegen.“

Er schenkte mir ein charmantes Lächeln. „Keine Sorge, ich bin höchst interessiert, man hört ja so dies und jenes.“

Wie dumm konnte ich nur sein, natürlich machten die Geschichten, die sich dort ereignet hatten, die Runde. Er wollte sicher wissen, wie ich dazu stand oder ob ich es wusste.

„Du spielst auf die, äh, wie soll ich sagen, die Geschehnisse an?“

Er nickte. „Du weißt es also. Zum Glück.“

„Was meinst du mit zum Glück?“

„Mein Name ist Clemens Richter. Ich bin der Inhaber von Richter Immobilien, entschuldige, wenn ich das erst jetzt erwähne.“

„Das ist in der Tat eine Überraschung“, sagte ich erstaunt.

„Du musst wissen, dass ich mir gerade eine Auszeit nehme. Nicht einmal Anja weiß, dass ich mich in Frankfurt aufhalte. Ich hatte eigentlich vor, ein paar Freunde in Kalifornien zu besuchen, aber die Ereignisse der letzten Zeit haben mir zu schaffen gemacht.

All die Fragen von der Polizei, dann verschwand auch noch Irina – ich nehme an, dass weißt du auch?"

Ich nickte. „Würde mir sicher ähnlich gehen."

„Ich brauche ein wenig Zeit für mich, um mir klar zu werden, ob ich den Laden schließen soll, nach all dem. Kannst du das verstehen?"

Klar konnte ich das.

Er winkte die Bedienung herbei. „Wir nehmen noch zwei", und an mich gewandt: „Ich hoffe, das ist dir recht?"

Es war mir mehr als recht, es löste ein wenig Stimmung. Wir schwiegen eine Weile und tranken unseren Apfelwein.

„Eigentlich glaube ich ja nicht an Schicksal", fuhr er schließlich fort. „Aber ich bin froh, dass ich ausgerechnet heute hierhergekommen bin. Und ich freue mich sehr über Anjas kluge Entscheidung, dich einzustellen, vielleicht hindert mich das daran, allzu früh die Flinte ins Korn zu werfen. Ich würde dich nur bitten, nicht zu erzählen, dass wir uns getroffen haben. Zum einen denkt sie, ich sei fort und zum anderen ... wir waren mal zusammen. Das brächte also nur Schwierigkeiten."

Ich hob die Augenbrauen. „Ist ja interessant, ihr seid ein Paar?"

Clemens schüttelte den Kopf. „Wenn es nach ihr ginge. Aber es gab zu viele Schwierigkeiten, auch das ist ein Grund dafür, dass ich mir eine Pause gönne." Er fuhr sich gedankenverloren mit der Hand durchs Haar, dann sah er mich lächelnd an. „So, nun habe ich dir in kürzester Zeit mehr von mir erzählt als ich anderen Menschen, die ich viel besser kenne, in Jahren erzählen würde."

„Das war wohl der Alkohol. Außerdem hast du nicht wirklich viel von dir preisgegeben", antwortete ich.

„Gut so, sonst würdest du auf der Stelle davonlaufen", sagte er und sah mich geheimnisvoll zwinkernd an.

* * *

Als ich am nächsten Morgen erwachte, war mir entsetzlich übel und ich hatte einen widerlich sauren Geschmack im Mund. Zum Glück war Wochenende. Ich fühlte mich erbärmlich und brauchte eine ganze Weile, um mir klar zu werden, was zu diesem schlechten Allgemeinzustand geführt hatte. Die Apfelwein-Handkäs'-Mischung hatte es wohl doch in sich. Da wollte ich bloß schnell etwas essen gehen und lernte dabei meinen Chef kennen. Warum nur hatte mir Anja nicht erzählt, dass sie einmal ein Paar waren? Stattdessen erzählte sie mir etwas von diesem Nick. Ich rieb mir die Schläfen. Ich sollte lieber erst einmal klar im Kopf werden, bevor ich ihn mir zerbrach.

8

11. Juni 2016

Viktor saß am weit geöffneten Fenster. Es war ein warmer Frühsommertag und die Hitze staute sich schon jetzt in seiner Wohnung. Das war das Schlimme. Er konnte hier keinen Durchzug machen, denn die Fenster befanden sich alle auf einer Seite. Er trank einen großen Schluck aus seiner Bierflasche und blickte hinaus. Hin und wieder zog er an seiner Zigarette. Mit dem linken Arm wischte er sich den Schweiß von der Stirn. Er musste grinsen. Diese Marlene Kern war ein echter Hingucker, er hatte ihr ordentlich Dampf gemacht. Naiv war sie auch – und unsicher. Man konnte sie leicht in die Enge treiben. Irgendwie passte sie gar nicht richtig zu ihrem Beruf.

„Überlege es dir, bevor es zu spät ist, du hast etwas Besseres verdient", murmelte er. Doch dann schüttelte er den Kopf, denn er wusste, es war längst zu spät. „Sag ‚Auf Wiedersehen, du schöne Welt', hübsche Marlene", flüsterte er. „Ich werde meine Pflicht erfüllen, so wie jeder von uns das tun sollte, wenngleich es schade um dich ist." Ein unerwarteter Hustenanfall nahm ihm die Luft, bis er endlich zur Ruhe kam.

Er stand auf und suchte nach einem Lappen, denn er wusste ohne auch nur hinzusehen, dass er Spuren hinterlassen hatte. Nachdem er gründlich gewischt hatte, sah er an sich herab. Er würde sein Hemd wegwerfen müssen.

9

12. Juni 2016

Mein Handy klingelte. „Hallo?“

„Marlene“, sagte die männliche Stimme am anderen Ende der Leitung.

„Wer spricht denn da?“

„Hier ist Clemens. Du hörst dich ja schrecklich an! Ist dir der gestrige Abend etwa zu Kopf gestiegen?“ Er lachte.

„So könnte man das ausdrücken. Apfelwein scheint in der Tat nicht mein Getränk zu sein.“

„Eigentlich wollte ich dich fragen, ob du Lust auf einen Spaziergang am Main hast heute bei dem schönen Wetter, und nachdem wir gestern so schwerwiegende Themen besprochen haben?“

Ich wusste nicht recht, was ich darauf antworten sollte, doch freute es mich auch, dass er sich meldete. Ich erinnerte mich erst jetzt dunkel daran, dass ich ihm meine Handynummer gegeben hatte.

„Das scheint mir keine ganz schlechte Idee zu sein, zumal ich meinen Kopf wohl dringend auslüften sollte.“

„Also abgemacht – und ganz nebenbei, ich bin auch meistens ungefährlich, also keine Angst. Um drei Uhr am der Unteren Mainbrücke?“

Ich war einverstanden und legte auf. Ich bin meistens ungefährlich. Was für eine eigentümliche Aussage. Sollte wohl ein schlechter Scherz sein.

Der Nachmittag entschädigte mich jedoch für sämtliche Zweifel. Wir gingen lange am Main spazieren. Clemens war amüsant und vollkommen unbeschwert. Nichts war von dem gestrigen Abend übrig geblieben, so schien mir. Sowohl er als auch ich wollten wohl dieses tieftraurige Gespräch nicht wieder aufkommen lassen. Stattdessen liefen wir unbekümmert am Museumsufer entlang und schließlich kaufte Clemens zwei Karten für das berühmte Städel Museum.

Clemens' Kunstkenntnisse beeindruckten mich. Zu vielen der Gemälde hatte er fundiertes Wissen, ebenso zur Architektur des Städels, das erst 2012 einen faszinierenden unterirdischen Anbau erhalten hatte, der die Fläche des Museum beinahe verdoppelte, wie er mir erklärte. 195 Oberlichter, auch Bullaugen genannt, wie Clemens wusste, beleuchteten diesen Anbau spektakulär und rückten die Gemälde wahrhaftig ins rechte Licht.

In einem Lokal mit einer Terrasse direkt am Main ließen wir den Abend ausklingen.

„Ich habe heute wirklich viel dazugelernt", sagte ich dankbar. „Und ich finde diese Stadt hat ihren schlechten Ruf nicht recht verdient."

„Nein, wirklich nicht. Spätestens mit unserer ehemaligen Oberbürgermeisterin und dem Kulturdezernenten ist die Stadt zum Leben erwacht, sowohl architektonisch als auch kulturell."

Er prostete mir mit einem Glas Weißwein zu und ich war erstaunt, dass ich schon wieder in der Lage war, Alkohol zu trinken. Doch dieser Abend fühlte sich gut an, und ich genoss die Präsenz dieses attraktiven Mannes ganz einfach.

Er begleitete mich bis zu meiner Wohnung, da er nicht weit von mir entfernt, auf dem Sachsenhäuser

Berg, wohnte. Zum Abschied küsste er mich auf beide Wangen und ich war ihm dankbar dafür, dass er mir nicht näher kam.

„Wie gesagt, dass wir uns kennen bleibt vorerst unser Geheimnis, nicht wahr?", fragte er.

„Keine Sorge", meinte ich und fand es erstaunlich, dass er das Thema erneut ansprach.

10

Gefangen

Ich weiß nicht, wie lange ich geweint hatte, jedenfalls waren die Tränen versiegt, und irgendetwas in mir wurde langsam aber sicher rebellisch: Aus Angst und Sorge wurde Wut, unbändige Wut. Wer hatte das Recht, mich hier festzuhalten und warum? Was hatte ich getan, dass man mir so etwas antat? Ich musste erneut an Clemens denken. Ich wusste nun mit Gewissheit, dass ich ihm von Anjas Verschwinden erzählt hatte, und auch davon, dass die Polin Irina nie mehr aufgetaucht war. Ja, Clemens würde zur Polizei gehen, ganz sicher. Es war also nur eine Frage der Zeit, bis man mich fand. Doch wie eine riesige Woge wollten mich erneut Angst und Verzweiflung überrollen: Was, wenn ich bis dahin verhungert oder verdurstet wäre?

Diese trüben Gedanken führen zu nichts. Denk lieber darüber nach, wie du hier rauskommst.

Doch ich musste sogleich an die Leiche in der Wassertonne denken. Ja, es war eine Leiche, da war ich mir ganz sicher. Konnte es sich um Irina handeln? Und was, wenn es doch Anja war? Wer auch immer es war, es war eine Frau, das stand für mich aufgrund der langen Haare fest. Ob sie auch hier gefangen war, bevor sie sterben musste, so wie ich?

Denk nicht daran, es gibt immer eine Chance und wenn sie auch noch so gering ist.

Erst glaubte ich, mich zu täuschen – doch nein, ich nahm erneut Geräusche wahr.

Versteck dich! Er kommt zurück.

Ich krabbelte in Richtung der Fässer und verbarg mich so gut es ging daneben. Ich wusste zwar nicht recht, was es mir bringen sollte, doch fühlte ich mich nicht ganz so schutzlos in dieser Position. Vielleicht hatte er eine Pistole und würde nun auf mich schießen wollen.

Die Geräusche wurden jedoch nicht lauter, niemand kam näher. Dennoch hatten sie eine gewisse Rhythmik: Ein leises Klopfen, so schien es mir. Vielleicht eine Heizung, die irgendwo Geräusche machte. Ich legte mein Ohr an die Wand. Das konnte doch nicht sein! Kurz, kurz, kurz, lang, lang, lang, kurz, kurz, kurz. Moment mal: Waren das Morsezeichen, ein SOS-Signal vielleicht? Nein, ich musste mich täuschen, meine Fantasie begann, mir Streiche zu spielen. Oh Gott, ich würde langsam verrückt werden. Ich hatte noch immer solch einen schrecklichen Durst. Kein Wunder, dass ich zu fantasieren begann. Ich lehnte mich mit dem Kopf gegen die Wand und schloss die Augen.

Da! Da war es wieder: Kurz, kurz, kurz, lang, lang, lang, kurz, kurz, kurz. Kein Zweifel. Nein, ich täuschte mich nicht. Ich hämmerte mit der Faust gegen die Wand, doch sie war so dick, dass man es unmöglich hören konnte. Es entstand nicht mehr als ein klatschendes Geräusch.

Wer auch immer diese Morsezeichen machte, benutzte einen Gegenstand. Ich überlegte: Was hatte ich bei mir, um laute Geräusche zu verursachen? Meine Turnschuhe? Sie würden kein Geräusch machen.

„Hallo!“, schrie ich. „Wer ist da?“

Bist du verrückt geworden?! Vielleicht beabsichtigt er genau das. Vielleicht ist es eine Falle und er wartet nur darauf, dass du hineintappst. Er wird kommen und dich bestrafen oder dich umbringen.

Ich würde sowieso bald sterben, wenn ich mich nicht befreien konnte. Er würde mich verhungern lassen, denn ehe ich verdurstete, würde ich das Fass öffnen. Das Fass! Der Deckel! Vielleicht konnte ich den Deckel abheben und damit gegen die Wand schlagen, das würde in jedem Fall einen höllischen Lärm machen, das wäre meine Chance. Ich musste es probieren. Doch bevor ich diesen Versuch unternahm, lauschte ich auf die Morsezeichen. Sie waren verstummt, ich hörte nichts mehr. Mich verließ augenblicklich der Mut und ich war mir ganz und gar nicht mehr sicher, all das gehört zu haben.

Es konnte vielleicht mein eigener Herzschlag gewesen sein, andererseits wusste ich auch nicht, wo ich mich befand. Vielleicht war eine Baustelle ganz in der Nähe und die Geräusche stammten von einem Presslufthammer. Wie konnte ich mir nur einbilden, dass das, was ich gehört hatte, Hilferufe waren? Ich konnte meinen eigenen Ohren nicht mehr trauen. Warum kam niemand, um mich zu retten, warum unternahm Clemens denn nicht endlich irgendetwas?

„Ist da jemand?", rief ich, nein, ich schrie es heraus und erschrak selbst über meinen Mut. „Hilfe, ich bin hier eingesperrt! Helfen Sie mir bitte. Hört mich denn niemand? Hilfe! Clemens, bist du hier, kannst du mich hören?"

Es hatte keinen Sinn. Ich war hier mutterseelenallein. Niemand würde mich hören und niemand würde kommen.

Doch plötzlich hörte ich es erneut: Kurz, kurz, kurz, lang, lang, lang, kurz, kurz, kurz.

Galt das mir? Hatte mich doch jemand gehört?

„Wer ist da?“, schrie ich. Dann hörte ich auf einmal schwere, eilige Schritte, die sich näherten. Der Riegel meiner Tür wurde zurückgezogen, erneut blendete mich ein grelles Licht. Eilig kam jemand auf mich zugeschritten, dann folgte ein dumpfer Schlag.

11

14. Juni 2016

„Jetzt erzähl erst mal", bat ich Anja. „Ich hatte eigentlich gedacht, dass du mir gestern noch eine Nachricht schreibst. Wie ist er denn so?"

„Er ist nett, ja, wirklich nett", antwortete sie knapp.

„Das klingt nicht sehr aufschlussreich."

„Jedenfalls ist er nicht gefährlich."

„Na, das ist ja schon mal was. Sieht er so aus, wie du ihn dir vorgestellt hast, ich meine, ist er attraktiv? Ist er Single, seht ihr euch wieder?"

„Bleib mal locker, Kleine", meinte Anja. „Klar sieht er gut aus, was hast du denn gedacht? Sicher sehen wir uns wieder."

Merkwürdig, wie sie da redete, und warum um alles in der Welt erwähnte sie mit keinem Wort Clemens? Irgendetwas stimmte da doch nicht ... Egal, ich wollte nicht weiter darüber nachdenken. Sie würde mir schon davon erzählen, wenn ihr der Sinn danach stand. Sicher musste sie erst herausfinden, ob sie mir wirklich vertrauen konnte. Doch in meinem tiefsten Inneren wusste ich, dass wir über kurz oder lang enge Freundinnen werden würden.

Glücklicherweise waren heute noch einige gemeinsame Besichtigungstermine anberaumt, und ich hatte mir vorgenommen, genau auf Anjas Worte beim Verkaufsgespräch zu achten. Ich wollte genauso gut werden wie sie. Die jüngsten Geschehnisse würden nach und nach verblassen, das hoffte ich jedenfalls. Sicher gab es keinen Zusammenhang zwischen der Toten und der Vermissten, so etwas gab es nur in Romanen. Das wollte ich auch unbedingt nochmal zu Clemens sagen, er sollte sich keine unnötigen Sorgen machen. Er sollte an sein Geschäft glauben, ich würde ihm gerne dabei helfen. Und wenn ich erst professionell genug war, konnte ich schließlich immer noch in ein anderes Maklerbüro wechseln, wenn ich es hier nicht aushalten würde. So zu denken war in jedem Fall der richtige Weg.

Stelle dich den Dingen, die auf dich zukommen. Du wolltest nach Frankfurt, nun lebe mit dem, was du vorgefunden hast. Es wird für alles eine Erklärung geben.

Na ja, so ganz überzeugten mich meine eigenen Argumente nicht, denn wer konnte schon mit einem Mordfall rechnen oder wurde gar darin verwickelt? Hätte ich das vorher gewusst, hätte ich mich selbstverständlich niemals hier beworben, doch glaubte ich auch an Schicksal: es würde schon alles seinen richtigen Gang gehen. Meine Kollegen blieben ja schließlich auch, obwohl sie deutlich mehr Gründe zur Kündigung gehabt hätten, denn sie kannten Beate, waren schließlich Kollegen gewesen.

„Gibt es eigentlich ein Foto von Beate? Ich meine nur, ich würde sie mir gerne vorstellen können", sagte ich, während Anja und ich in Richtung Westhafen fuhren.

Anja nahm eine Hand vom Lenkrad und schob sich eine störrische Haarsträhne hinter das Ohr, bevor sie antwortete: „Wie kommst du denn plötzlich darauf?"

„Ich weiß nicht recht, ich dachte mir, ich könnte eventuell besser damit umgehen, wenn ich wüsste, wer sie gewesen ist."

„Bist du sicher? Allerdings wüsste ich nicht …" Anja überlegte. „Doch, doch, es gibt ein paar Fotos vom Betriebsausflug im letzten Jahr, das war nur wenige Wochen bevor … du weißt schon, was ich meine. Ich werde nachher mal nachsehen, ich schätze, ich habe die Fotos auf meinem Handy noch nicht gelöscht. Ich habe übrigens noch eine kleine Überraschung für dich. Dieses Mal sucht Herr Wenz eine Wohnung am Westhafen. Angeblich für seinen Chef."

Ich runzelte die Stirn. „Herr Wenz? Du meinst jenen Wenz, mit dem du mich neulich allein gelassen hast?"

Anja lachte. „Genau den, aber keine Sorge, ich werde dir dieses Mal nicht von der Seite weichen." Sie warf mir einen neugierigen Seitenblick zu und lachte.

„Ist ja schön, dass du darüber lachen kannst, mir macht dieser Mann irgendwie Angst."

„Interessant, wie schnell du dich aus der Bahn werfen lässt. Der Mann ist zwar schwierig und wahrscheinlich auch ein bisschen verrückt, aber er wird dir ganz sicher kein Haar krümmen." Immer noch grinsend klopfte sie mir aufmunternd auf die Schulter.

* * *

Für die Wohnung, um die es ging, hatten sich drei Interessenten angekündigt. Das erste Paar war homosexuell. Wir fuhren mit den beiden hinauf in den sechsten Stock. Dort wartete eine Vierzimmerwohnung mit einem fantastischen Blick auf den Main auf uns. Drei der Wohnräume lagen auf der Mainseite, nur ein kleiner, man hätte ihn als Gästezimmer nutzen können, ging nach hinten raus.

Wären doch alle Kunden so begeisterungsfähig und freundlich wie dieses Paar! Dann würde ich keine Sekunde daran zweifeln, dass ich die Besichtigungen völlig ohne Hilfe tätigen könnte und nicht nur das, ich würde die Objekte auch noch vermieten. Die beiden Herren bekundeten großes Interesse, doch Anja redete nicht um den heißen Brei herum, sondern sagte, sie müsse auch noch zwei weiteren Kunden die Wohnung zeigen und letztendlich würde der Vermieter entscheiden. Allerdings versprach sie, sich schnellstmöglich zu melden.

Die zweite Kundin war eine Dame mittleren Alters, die sich daran störte, dass nicht alle Zimmer einen gleichermaßen schönen Blick hatten und dass der Herd keine Induktions-Kochplatte hatte.

„Man könnte das im Nachhinein einbauen", wagte ich zu bemerken, wurde jedoch mit einem verständnislosen Blick bedacht.

„Wenn man so viel Geld bezahlt, dann sollte schon alles perfekt sein, denken Sie nicht?"

Das dachten wir auch, und wir waren froh, als die Besichtigung beendet war. Es blieb noch etwas Zeit bis zum Eintreffen von Herrn Wenz und so suchte Anja nun auf ihrem Handy die Fotos von der Betriebsfeier. Schließlich wurde sie fündig und gab mir das Handy.

„Es sind drei Fotos, sie sitzt in der Mitte zwischen mir und meinem Chef, du wirst ihn kennenlernen, wenn er aus Kalifornien zurückgekehrt ist."

Ich zuckte ein wenig zusammen, als sie das sagte, doch hatte ich mich gleich wieder im Griff und nickte. Täuschte ich mich etwa oder warf Anja mir einen prüfenden Blick zu? Ich hatte jedenfalls plötzlich das ungute Gefühl, dass ich mir tatsächlich einigen Ärger einhandelte, wenn sie erfuhr, dass wir uns bereits kannten. Clemens schien recht zu haben.

Das Gesicht, das fröhlich und unbeschwert in die Kamera blickte, war sehr hübsch. Ich wunderte mich ein wenig, denn sie war mir auf den ersten Blick und vom Typ her recht ähnlich. Sie hatte ungefähr meine Statur, die blonden Haare zu einem Pferdeschwanz gebunden, so wie ich es häufig zu tun pflegte, und sie hatte sympathische Lachfältchen. Eine Frau, die man gerne zur Freundin gehabt hätte. Und Clemens betrachtete sie auf unmissverständliche Weise. So sah ein Mensch aus, wenn er verliebt war, schoss es mir durch den Kopf.

„Du siehst was ich meine", sagte Anja. „Du passt in sein Beuteschema."

Ich wusste nicht recht, was ich darauf sagen sollte. „Sie … sie gefällt mir, sie ist, ich meine, sie war sehr hübsch", antwortete ich ausweichend und fragte mich, ob es klug gewesen war, mir die Bilder von ihr anzuschauen.

„Ja, das war sie wohl. Wer weiß, vielleicht wurde ihr das zum Verhängnis."

„Aber tut jemand das einer Frau an, die er nicht abgrundtief hasst? Ich meine, sie wurde ja, wie du sagtest, regelrecht abgeschlachtet oder wie soll man das sonst ausdrücken."

„Du kannst dir nicht vorstellen, wie oft wir uns genau diese Frage bereits gestellt haben. Kann sie ein Zufallsopfer gewesen sein oder kannte sie eventuell sogar ihren Mörder? Wir werden es wohl nie erfahren."

Ich konnte nicht aufhören, dieses Gesicht anzuschauen, es mir einzuprägen, und gleichzeitig betrachtete ich das Gesicht von Clemens. Zu der Zeit war er doch eigentlich noch mit Anja zusammen gewesen, wenn ich das richtig verstanden hatte. War er so leichtfertig? Ich musste mich vorsehen und ihn nicht zu nahe an mich heranlassen, ich spürte, dass mich das in Schwierigkeiten bringen konnte. Doch schmerzte mich dieser Gedanke bereits ein wenig, denn ich fühlte mich doch so wohl in seiner Gegenwart. Schließlich gab ich Anja das Handy zurück.

„Danke, ich weiß nicht genau, was es mir gebracht hat, doch irgendwie fühle ich, dass es richtig war. Ich musste sie mir einfach vorstellen können."

Anja sah auf die Uhr. „Er ist überfällig, kenne ich aber bereits von ihm." Sie ging auf die Terrasse, ich folgte ihr. Von hier oben konnte man auf die Anliegerstraße schauen. Soeben parkte ein in die Jahre gekommener cremefarbener Golf auf der anderen Straßenseite ein und heraus stieg Wenz.

„Wie kann er sich eine solche Wohnung überhaupt jemals leisten, frage ich mich."

„Kann er nicht." Anja lachte.

In diesem Moment klingelte es.

„Bringen wir es hinter uns", seufzte sie und bedeutete mir, ihr zu folgen.

Wenz streckte mir seine feuchte, schwammige Hand entgegen, vor der ich mich schon neulich so sehr geekelt hatte, während er sich vor Anja leicht verbeugte.

„So schnell sieht man sich wieder." Beim Grinsen traten seine ungepflegten gelben Zähne zum Vorschein. Wieder trug er die dunkle Sonnenbrille, die ich ihm am liebsten vom Kopf gerissen hätte, so ungehörig fand ich es, dass er sie nicht abnahm.

„Hallo Herr Wenz", zwang ich mich dennoch höflich zu sagen.

„Herr Wenz.“ Anja wirkte deutlich ungezwungen, „vielleicht haben wir ja heute endgültig die passende Immobilie für Sie.“

Sein Verhalten änderte sich augenblicklich, als Anja mit ihm sprach.

„Das wäre fantastisch, Frau Malmann, wirklich, und wenn Sie das sagen, will ich es gerne glauben.“

Er himmelt sie an.

Anja reagierte unterkühlt: „Nun denn, diese ist ja jetzt deutlich höher gelegen.“

Wenz drehte sich hochnäsig zu mir um: „Versuchen Sie mich zu überzeugen, Frau Kern, so war doch Ihr Name, nicht wahr? Allerdings suche ich heute eine Wohnung für meinen Chef und der hat besonders hohe Ansprüche.“ Er sah mit vielsagendem Blick zu Anja.

„Wäre es da nicht sinnvoll, wenn er selber zu der Besichtigung käme?“, fragte ich.

„Ich treffe hier bloß die Vorentscheidung, gewisse Immobilien sind ihm von vorneherein nicht zuzumuten.“ Dabei sah er Anja erwartungsvoll an.

„Starren Sie nicht mich an, sondern vertrauen Sie lieber meiner neuen Kollegin.“

Was hat sie da eben gesagt? Geht das nicht vielleicht doch ein wenig zu weit? Dieser unangenehme Wichtigtuer, sie hatte ja recht. Wie gerne hätte ich ihm auch mal die Meinung gesagt. Ein Blick von Anja auf mich gerichtet besagte, dass sie meine Gedanken erriet. Sie schüttelte kaum wahrnehmbar den Kopf.

Wenz schien das bemerkt zu haben, denn er begann schallend zu lachen. „Wohl nicht das beste Nervenkostüm, junge Dame?“ Dann wandte er sich an Anja: „Bitte bemühen Sie sich nicht, ich schaue mich alleine um, Frau Malmann.“

„Das ist ja zum Kotzen", flüsterte ich, als er außer Hörweite war.

„Er geht sowieso gleich wieder, mein Wort darauf. Er hat einfach Spaß daran, dich ein wenig zu provozieren. Eigentlich eine gute Übung für dich, auf solche Kunden wirst du noch häufiger stoßen."

Keine fünf Minuten später kam er zurück. „Ich werde meinem Chef erst gar nichts von der Besichtigung erzählen. Die Wohnung würde seinen Ansprüchen nicht einmal ansatzweise genügen. Frau Malmann, ich weiß, Sie hätten mir diesen Mist niemals angeboten, auf Wiedersehen." Und damit verließ er die Wohnung.

„Dieses Ekelpaket", schimpfte ich.

Anja schien immer noch gut gelaunt zu sein. „Dabei hat er in Wahrheit sicher noch nie solchen Luxus gesehen, wollen wir wetten?"

„Müssen wir nicht, das glaube ich aufs Wort. Was sagt denn der Chef zu diesem Mann?"

„Er überlässt ihn ganz mir, denn er weiß, dass ich damit umgehen kann. Wenz hat übrigens auch schon Beate zur Weißglut getrieben."

„Was? Er kannte sie?" Ich riss die Augen auf.

„Na klar."

* * *

Viktor saß am Küchentisch. Sein schweißnasses Toupet hatte er ins Bad gehängt.

Er nahm das Telefon und wählte eine Nummer. Er musste nicht lange warten, bis sich am anderen Ende jemand meldete.

„Steht für heute noch etwas an?“ Er nickte. „Ja, ist gut, Sie sind der Boss, ich warte auf den Startschuss. Und danke für das Kompliment. Ja, ich habe mir jedes Detail gemerkt.“ Er legte auf und grinste zufrieden.

* * *

Mein Handy klingelte, Clemens' Nummer blinkte auf.

„Hallo Marlene, hast du heute Abend schon etwas vor?“

„Das hast du ja gut abgepasst.“ Ich überlegte, was ich antworten sollte. „Ich bin vor fünf Minuten nach Hause gekommen. Oder beobachtest du mich etwa heimlich?“ Ich lachte als ich das sagte, doch meinte ich es eigentlich gar nicht so spaßig.

Er ignorierte die Frage jedoch: „Ich könnte bei dir vorbeikommen und dann gehen wir noch etwas am Main spazieren.“

Ich zögerte. Wollte ich das wirklich, nach all dem, was ich gehört und gesehen hatte? Doch konnte ich nicht recht widerstehen, vielleicht wollte ich mich auch gerne vom Gegenteil überzeugen, also stimmte ich seinem Vorschlag zu: „Ich bin zwar todmüde, aber ein Spaziergang kann mir sicher nicht schaden. Gib mir noch eine halbe Stunde, ich muss mich noch etwas frisch machen. Wenn du da bist, komme ich gleich runter.“

Bei diesem Wetter war es wunderschön am Main, es hatte direkt etwas von Urlaub. Überall waren Liegestühle aufgestellt und ganz Frankfurt schien sich heute am Mainufer, versammelt zu haben.

Ein Baustellenwagen diente als Bar und Clemens besorgte uns zwei eisgekühlte Cocktails. Wir ergatterten zwei nebeneinander stehende Liegestühle, setzten uns ans Ufer und genossen den Blick auf die Skyline in der untergehenden Sonne. Ich fühlte mich sehr wohl in seinem Beisein und die trübsinnigen Gedanken verflogen.

„Wie war dein Tag?", fragte Clemens schließlich. „Und was macht mein Laden?"

Ich erzählte von dem skurrilen Niklas Wenz: „Er ist mir jetzt schon bei zwei Besichtigungen auf die Füße getreten. Und ich sage dir, er wird auch beim nächsten und übernächsten Mal nicht mieten, er kommt nur, um zu provozieren. Wie wirst du mit solchen Kunden bloß fertig, warum lehnst du ihn nicht einfach ab?"

Clemens antwortete nicht sofort, sondern nippte an seinem Cocktail. „Solche Kunden gibt es immer und überall, mag dir vielleicht merkwürdig vorkommen, aber ich kenne keinen – wie sagtest du gleich? – Niklas Wenz. Ich würde ihm sicherlich keine weitere Immobilie anbieten, verschwendete Zeit, denke ich."

Ich sah ihn ungläubig an. „Was? Aber er ist doch ein Kunde von dir."

Er lachte. „Ich bin in der glücklichen Lage, über einen recht großen Kundenstamm zu verfügen, aber auch wenn ich nicht jeden kenne, so wüsste ich doch davon, wenn einer meiner Kunden dermaßen unangenehm aufgefallen wäre. Der Name allerdings sagt mir nicht das Geringste. Nein, ich bleibe dabei, ich kenne keinen Wenz. Ich bin sicher, ich habe den Namen noch nie gehört."

„Merkwürdig, Anja sagte, er sei dir bestens bekannt und – er soll schon mit Beate seine Spielchen getrieben haben."

Clemens sah mich erstaunt an. „Mit Beate? Nein, davon weiß ich nichts."

Ich überlegte, ob ich besser das Thema wechseln sollte, entschied mich dann aber dagegen. „Ich habe Anja gebeten, mir ein Bild von Beate zu zeigen. Ich … ich musste einfach ein Gesicht mit ihrem Schicksal verbinden."

In Clemens' Stirn hatte sich eine tiefe Furche gegraben, seine Gesichtszüge verhärteten sich. Ich hatte das Gefühl, dass ich dieses Thema nicht hätte anschneiden dürfen. Der Blick, den er aufsetzte, gefiel mir nicht.

„Ich … ich meine, es ist doch mein Arbeitsplatz. Ich meine damit, ich, ich sollte mich doch einigermaßen sicher dort fühlen." Ich blickte verlegen zu Boden.

„Wenn du Angst hast, solltest du dir lieber etwas anderes suchen", gab er mit einem harten Unterton zurück. „Wir stecken wahrlich tief genug in der Tinte. Es ist mir verdammt wichtig, den Laden jetzt wieder auf Vordermann zu bringen, dazu brauche ich die richtigen Leute, und vor allem muss ich mich auf sie verlassen können, verstehst du das?"

„Clemens, es tut mir aufrichtig leid, wenn ich etwas Falsches gesagt habe, aber selbst wenn das alles vor meiner Zeit geschehen ist, es hat sich wie eine Wunde in mein Innerstes gegraben und um es loszuwerden, muss ich versuchen, damit umzugehen. Kannst du das nicht verstehen?"

Clemens' Blick war aufs Wasser gerichtet. Minuten verstrichen, und ich war mir nicht sicher, ob er sich meiner Gegenwart überhaupt noch bewusst war, doch plötzlich redete er: „Beate war der Grund dafür, dass es mit Anja auseinanderging."

Clemens nahm einen weiteren Schluck von seinem Cocktail.

„Als ich Beate einstellte, hatte ich das Gefühl, das goldene Los gezogen zu haben. Sie war eine bewährte Maklerin, stets gutgelaunt und eloquent. Ihr war keine Arbeit zu viel, sie war loyal und na ja, attraktiv war sie natürlich auch. Ein absoluter Gewinn für mein Geschäft. Zu dieser Zeit begann Anja, mehr und mehr an mir herumzunörgeln. Sie warf mir vor, dass ich zu wenig Zeit hätte, dass ich sie kaum noch ansah und dass ich sie nicht mehr attraktiv fand. Dann begann sie, schlecht über Beate zu reden, sie füge sich nicht in die Gruppe ein und sei oberflächlich zu den Kunden. Das war auch der Grund dafür, dass ich sie einige Male begleitete."

Er machte eine Pause. „Wahrscheinlich war das ein großer Fehler. Ich sah sie plötzlich mit anderen Augen. Wie soll ich sagen: Ich fühlte mich plötzlich sehr zu ihr hingezogen. Dazu brachte sie mich stets zum Lachen und sie war klug. Ich war einfach wie verzaubert. Ich weiß nicht mehr, wann es geschah, aber irgendwann begannen wir, intim miteinander zu verkehren. Wir hielten es anfänglich geheim, denn Anja machte mir ohnehin das Leben zur Hölle. Doch es dauerte nicht allzu lange, da veränderte sich Beate ebenfalls: sie verlangte, dass ich Anja kündigen sollte, dass sie die Wahrheit erfahren sollte. Ich schenkte Anja daraufhin reinen Wein ein. Beate reichte das aber noch nicht, und ich bemerkte plötzlich eine Seite an ihr, die mir ganz und gar nicht gefiel. Zudem behauptete sie, Anja schon sehr lange zu kennen, das schien mir eine glatte Lüge zu sein."

Er lachte bitter. „Jedenfalls hatte ich es bald mit zwei sich bekämpfenden Furien zu tun." Clemens' Blick wurde hart und abweisend. „Ich machte letztendlich auch mit Beate Schluss. Ich ertrug ihre Art genauso wenig wie die von Anja. Sie sagte, sie habe noch nie einen Menschen so sehr verabscheut wie mich. Ich hätte ihr bloß etwas vorgemacht, hätte sie ausgenutzt, und was weiß ich, was sie mir noch alles vorhielt, jedenfalls begann sie, um mich zu kämpfen wie eine Löwin."

Jetzt sah mich Clemens zum ersten Mal wieder an. „Das alles hat mich so sehr mitgenommen, dass ich den Laden am liebsten hingeschmissen hätte. Ich suchte bereits einen Nachfolger für mich. Doch dann, ein paar Wochen später, stand die Polizei vor der Tür. Beate war ermordet worden." Clemens tupfte sich mit einem Taschentuch über die schweißnasse Stirn. „Wir alle wurden wieder und wieder verhört. Das belastete mich und mein Team sehr! Ein junger Mitarbeiter kündigte, eine weitere Kollegin ging auch, und zwar zur Konkurrenz. Ich dachte, ich müsse Insolvenz anmelden. Dazu kam, dass ich als einziger Mensch kein vernünftiges Alibi hatte." Er sah mich an und verzog das Gesicht. „Tja, ich war alleine zuhause, zur fraglichen Zeit, soll ja mal vorkommen, nicht? Ich bin immer noch nicht sicher, ob ich alles überstanden habe."

Er verstummte, doch schließlich fuhr er fort: „So, jetzt sollst du alles wissen: Das ist der wahre Grund, weshalb ich nicht nach Kalifornien geflogen bin. Mir ist es momentan nicht erlaubt, die Stadt zu verlassen. Doch darüber weiß nicht einmal Anja Bescheid. Und das ist auch gut so, glaube mir, es würde nur weitere unnötige Schwierigkeiten hervorrufen." Er blickte mir in die Augen. „Oder hat sie etwas dazu gesagt?"

Ich schüttelte den Kopf. „Das hat ja eigentlich nichts zu bedeuten, das ist doch sicher die ganz normale Vorgehensweise der Polizei, jedenfalls liest man das doch immer."

Clemens hatte mir wohl gar nicht zugehört, denn er redete einfach weiter: „Alle hatten ein hieb- und stichfestes Alibi. Ist das nicht völlig irre, wieso nur bin ich ausgerechnet an jenem Tag zuhause geblieben? Zumal sich Anja mit mir aussprechen wollte .... Zu guter Letzt verschwand dann auch noch die Neue, Irina, du weißt sicher von ihr. Sie kam aus Polen, Anja hatte sie auf irgendeine Empfehlung hin bei uns eingestellt. Sie war erst vier Wochen bei uns, ist das nicht irrsinnig? Manchmal denke ich, irgendjemand will mir was Böses. Tja, das ist alles, was ich dazu zu berichten habe, außer der Tatsache, dass sie meine Fingerabdrücke genommen haben, mir aber nichts beweisen konnten." Er grinste eigentümlich. „Aber sieh mal, selbst wenn ich es getan hätte, ich wäre doch jetzt, nach all der Zeit, nicht so dumm, dass ich es zugeben würde."

Mir wich vor Schreck sämtliche Farbe aus dem Gesicht.

Clemens hatte das bemerkt. „Habe ich dir Angst gemacht? Nein, das wollte ich nicht. Ich habe einfach nur laut gedacht. Du kannst dir ja gar nicht vorstellen, an was man so denkt, wenn man in der Bredouille steckt."

Ich konnte wohl nicht verbergen, dass ich mich plötzlich nicht mehr recht wohlfühlte in seiner Gegenwart, denn Clemens sagte: „Ich bringe dich wohl jetzt besser nach Hause." Er nahm mir mein inzwischen leeres Glas ab und brachte beide Gläser zurück zum Bauwagen.

Ich hätte es nun, da wir zurückliefen, eigentlich nicht mehr ansprechen sollen, doch etwas ließ mir keine Ruhe: „Was denkst du ist mit Irina geschehen? War sie, ich meine, es geht mich ja nichts an, und du musst gewiss nicht darauf antworten, aber war sie an dir interessiert oder wart ihr …?“

„Hältst du mich für einen Nimmersatt?“ Er wirkte völlig verständnislos. „Hat dir das etwa Anja erzählt?“

„Nein, ich dachte nur …“

Er blieb abrupt stehen. „Was? Dass ich sie ins Bett gezerrt habe? Und danach habe ich sie ermordet? Bin ich hier tatsächlich für alle Vermissten und Toten verantwortlich? Ich beginne ja langsam an mir selbst zu zweifeln. Oder bin ich gar schizophren? Oder sehe ich so aus, als sei ich kriminell? Wahrscheinlich hältst du mich längst für einen Serienmörder. Ja, schau mich genau an, so sehen Serienmörder aus. Doch hast du Glück, ich morde erst ab Mitternacht, also nichts wie nach Hause mit dir.“ Seine Stimme war hart und laut geworden und mir lief ein eiskalter Schauer über den Rücken.

„Es tut mir wirklich leid, du hast aber vorhin so viel erzählt, und da dachte ich, es wäre einfach besser, wenn ich über alles mit dir rede, damit ich, ich meine, damit ich dich besser einschätzen kann. Es ist doch so, dass wir uns noch nicht allzu lange kennen und..,“

Clemens blieb stehen, nahm meine Hände und blickte mich an. „Bitte entschuldige, bei diesem Thema kochen meine Emotionen immer noch hoch. Ich bin normalerweise nicht jähzornig, ob du es glaubst oder nicht. Ich würde diese schaurige Phase aber gerne aus meinem Leben ausradieren, wenn ich es nur könnte, sie belastet mich zutiefst. Es ist mir nichts wichtiger, als bei dir einen guten Eindruck zu hinterlassen, das musst du mir einfach glauben. Denn ich mag dich wirklich sehr. Du bist … du bist wirklich eine tolle Frau, und deshalb ist es auch besser, wenn Anja nichts von uns erfährt. Und eines solltest du mir wirklich glauben: ich bin kein Mörder!"

Dass Anja nichts von uns erfährt. Was sollte sie denn erfahren? Mein Gott, ich bin mir nicht sicher, ob ich dich überhaupt jemals wiedersehen möchte, wirklich nicht, dachte ich.

Laut hingegen sagte ich: „Ich werde mit Anja nicht darüber reden."

12

Gefangen

Als ich zu mir kam, hatte ich heftige Schmerzen und meine Nase pochte. Was war geschehen? Ich griff an meine Nase. Sie war stark geschwollen und bei der leisesten Berührung fuhr ich zusammen, es hatte sich eine Kruste darunter gebildet. Ich musste durch den Mund atmen. Wenigstens roch ich dadurch nicht mehr den widerlichen Geruch meiner eigenen Exkremente in dem Eimer, denn irgendwann hatte ich ihn benutzen müssen. Ich hatte den Eimer weit fort geschoben, doch der Geruch war äußerst penetrant und hatte längst den ganzen Raum verpestet. Ich stöhnte vor Schmerzen.

„Das Schwein hat mir die Nase gebrochen", keuchte ich.

Da hörte ich plötzlich ein Geräusch und war mir ziemlich sicher, dass ich nicht alleine war. „Wer ist da?", fragte ich mit zitternder Stimme.

Es blieb still, dennoch täuschte ich mich nicht, da war ich mir sicher. Mein Instinkt war geweckt. Wenn man nicht sehen kann, werden eindeutig die verbleibenden Sinne geschärft.

„So antworten Sie doch, bitte antworten Sie!"

„Eigentlich wollte ich mir die Finger nicht an dir schmutzig machen. Und noch etwas, sag nie wieder Schwein, wenn du von mir sprichst, hast du das kapiert?", flüsterte die Stimme.

Ich erschrak furchtbar. Ich schlang meine Arme eng um mich, als ob sie mir dadurch Schutz bieten konnten. Ich zitterte so heftig, dass meine Zähne aufeinanderschlugen. Ich konnte nicht einschätzen, wie nahe er mir war – es war sicherlich ein er – dennoch glaubte ich, ihn unmittelbar vor mir wahrzunehmen.

„Bitte, bitte, was wollen Sie von mir? Warum tun Sie das? bitte lassen Sie mich frei! Ich … ich werde gesucht, so glauben Sie mir doch." Die Stimme lachte zischend.

Da wurde ganz plötzlich meine Erinnerung wach. Seine Stimme, ich glaube, ich kannte sie. Ich war mir nicht sicher wo ich diese Stimme gehört hatte.

„Wollen … wollen Sie mich umbringen?", fragte ich verzweifelt.

Wieder dieses kranke Lachen.

„Lieber wäre es mir, wenn du das selbst erledigst. Du wirst entweder wahnsinnig werden hier drin oder du wirst verhungern. Verdursten musst du ja nicht. Du kannst ja Wasser aus dem Fass schöpfen, wenngleich ich dir das nicht raten würde. Es ist natürlich längst verseucht und voller Maden. Obwohl Maden ja proteinhaltig sein sollen. Lecker, lecker." Wieder dieses abscheuliche Gelächter.

„Ich wünsche dir noch einen wunderschönen Tag. Bis bald, Marlene."

Mein Gott, er kannte meinen Namen. Wir waren uns bestimmt schon begegnet.

„Nein! Nein bitte, lassen Sie mich nicht hier zurück! Egal, was Sie getan haben. Ich werde versuchen, Sie zu verstehen, aber bitte …, bitte, bitte, lassen Sie mich nicht hier zurück!", flehte ich.

Doch die Eisentür wurde aufgerissen und flog sogleich ins Schloss zurück.

„Nein, nein, nein, nein“, schluchzte ich. „Lieber Gott, lass mich aus diesem Albtraum erwachen. Ich verstehe das alles nicht. Was ist bloß geschehen?“

Dieser Mensch musste wahnsinnig sein. Ich hatte es eindeutig mit einem Wahnsinngen zu tun. Nur so ließ sich erklären, was hier geschah. Was wollte er von mir, was konnte er wollen? Wozu sollte ich sterben?

Wichtig ist, dass du die Nerven behältst, Marlene. Er wartet nur darauf, dass du durchdrehst. Er spielt mit dir. Lass dich nicht darauf ein. Er will dich um den Verstand bringen.

Plötzlich kam mir eine andere Idee. Solange ich noch genügend Kraft hatte, konnte ich auf sein Spiel eingehen. Ich würde ihm das bieten, was er wollte. Ich würde mich verstellen, er sollte denken, dass ich am Ende war, sollte das Gefühl haben, dass sein Plan aufging. Es könnte eine Möglichkeit sein, mich so irgendwie aus dieser Hölle zu befreien.

Doch zuvor musste ich noch einmal etwas gegen diesen unbändigen Durst tun. Bevor mich die Maden oder Bakterien, oder was immer sich da in dem Fass befand, auffraßen, würde ich jede Chance nutzen, um am Leben zu bleiben. Noch war ich nicht tot, noch lange nicht. Ich robbte vorwärts, bis ich mit der Hand gegen das Fass stieß. Mühsam stellte ich mich auf die Beine. Ich erschrak bei der Erkenntnis darüber, wie schwach ich bereits geworden war. Als ich den Deckel ein wenig zur Seite geschoben hatte, stieg mir dieser beißende Geruch in die Nase. Ein Geruch schlimmer als der Fäkalieneimer. So also roch der Tod. Ich musste würgen, doch bald beruhigte sich mein Magen. Ich ließ meine Hand vorsichtig unter die Wasseroberfläche gleiten, da berührte ich sie wieder. Ich schauderte. Überall Haare. Es fühlte sich an, als sei ich ein winziges Insekt, das in ein riesiges Spinnennetz geraten war. Ich konnte es nicht ertragen und riss meine Hand zurück.

„Oh Gott", flüsterte ich. „Oh Gott." Ich zitterte.

Tief einatmen, Marlene. Es geht ums Überleben. Du wirst verdursten. Was ist schlimmer als zu sterben?

Ich versuchte ruhig und tief zu atmen. Ein, aus, ein, aus. Langsam beruhigte ich mich.

Versuch es nur.

Ich schob die rechte Hand nur so tief ins Fass wie unbedingt nötig und ließ etwas Wasser in meine hohle Hand laufen. Schnell hielt ich sie mir an den Mund und trank. Es tat verdammt gut, doch – noch nie hatte ich einen dermaßen widerlichen Geschmack im Mund gehabt. Ich schaffte es jedoch, den Würgereiz zu unterdrücken und wartete, bis das Wasser nicht mehr hochkommen konnte. Gern hätte ich noch mehr getrunken, traute mich aber nicht, würde warten, bis es nicht anders ging.

13

20. Juni 2016

In der Nacht hatte ich so gut wie nicht geschlafen und als ich ziemlich gerädert das Büro betrat, befand sich Anja im Gespräch mit einem jungen Mann. Sie winkte mich herbei.

„Ich möchte dir Tobias Winkel vorstellen. Er ist dein neuer Kollege. Das ist Marlene Kern." Sie deutete auf mich.

Tobias Winkel war Ende zwanzig, hatte rote Haare und lächelte mich keck an, während er sich von seinem Platz erhob und mir die Hand bot. „Hi Marlene, hab schon allerhand von dir gehört. Auf gute Zusammenarbeit."

Vielleicht war ich etwas konservativ, doch ich fand ihn ein wenig zu locker, und er hatte einen aufdringlichen Blick.

„Er hat bereits in einem anderen Büro gemakelt, ist also sozusagen ein alter Hase", klärte Anja mich auf.

„Eigentlich bin ich Sanitäter, aber irgendwann hat man ja mal die Nase voll von all den Toten und Halbtoten." Er kicherte.

Ich nickte und sah Anja mit hochgezogenen Augenbrauen an. Sie ging jedoch auf seine Bemerkung nicht ein, sondern sagte: „Marlene ist eine fähige Kollegin und hat bereits bewiesen, dass sie gut verkaufen kann. Ich denke also, wir sind nun ein recht homogenes Team. Nächste Woche wird der Chef aus dem Urlaub zurück sein, doch ihr zwei werdet ihm gefallen, da habe ich gar keine Zweifel. Die nächsten Makler darf er dann selbst einstellen, ich habe mein Soll erfüllt."

Sie besprach noch einige weitere Details mit ihm, während ich mich an meinen Schreibtisch setzte und mir die eingegangenen Emails von heute ansah.

„Wir sehen uns dann morgen früh, Tobias", hörte ich Anja sagen. Der junge Mann verabschiedete sich und winkte mir noch einmal augenzwinkernd zu, bevor er das Büro verließ. Durch die große Glasfront sah ich, wie er in einen schwarzen VW Kombi einstieg und davonfuhr.

„Na Marlene, was hältst du von ihm?"

„Hm, er ist recht selbstbewusst auf jeden Fall, und einen eigentümlichen Sinn für Humor hat er auch."

„Wegen der Sanitäter-Nummer? Das ist tatsächlich sein ursprünglicher Beruf", meinte sie lachend. „Ich habe ihn gerade deswegen genommen, weil er so selbstbewusst rüberkommt. Kann bestimmt gut verkaufen. Außerdem brauchen wir unbedingt frischen Wind in der Bude. Ich bin sicher, dass er sich gut in unser Team eingliedern wird. Kündigungen hatten wir in letzter Zeit schließlich genug."

Wir wollten gerade gemeinsam die heutigen Termine durchgehen, als sich die Tür des Büros öffnete und zwei Herren mittleren Alters erschienen.

Anja wirkte nicht gerade erfreut. „Guten Morgen, gibt es irgendetwas Neues?", fragte sie. Sie wirkte unruhig.

Noch bevor einer von beiden antworten konnte sagte sie: „Marlene, darf ich dir die Herren von der Mordkommission vorstellen: Das ist Kommissar Weigand", dabei deutete sie auf den älteren, „und das ist

Herr Hesse", diesmal war ihr Blick auf den jüngeren gerichtet. „Das ist meine neue Mitarbeiterin, Marlene Kern."

Ein mulmiges Gefühl machte sich in mir breit.

Beide Kommissare gab mir die Hand. „Hallo Frau Kern."

Weigand wandte sich an Anja, während er eine Schachtel Zigaretten aus seiner Brusttasche zog. „Darf man hier rauchen?"

„Wo gibt's denn sowas? Überall herrscht Rauchverbot, nein bitte, tun Sie uns wenigstens das nicht an."

„Man wird ja wenigstens fragen dürfen." Er steckte die Packung wieder weg.

„Ich nehme an, Sie sind über die unglücklichen Geschehnisse informiert, Frau Kern? Ich möchte Sie nicht unnötig erschrecken."

„Nein", sagte ich unsicher, „nein, das tun Sie nicht. Frau Malmann hat mich über die schrecklichen Dinge unterrichtet, die in letzter Zeit geschehen sind. Es ist einfach ganz furchtbar."

Weigand hatte sich jedoch bereits zu Anja umgedreht. „Ich dachte eigentlich, wir würden auf Herrn Richter treffen?"

Anja schüttelte den Kopf. „Tut mir leid. Er ist noch bis zur nächsten Woche verreist."

Jetzt schaltete sich Hesse ein: „Er ist verreist? Wo soll er denn sein?"

„Er ist zu Verwandten nach Kalifornien geflogen. Ich erreiche ihn momentan nur per Email."

„Das ist ja höchst interessant", meinte Weigand. „Was macht er denn in Kalifornien?"

Ich fuhr zusammen.

„Ich sagte doch bereits, er besucht Verwandtschaft."

„Das wird ja immer interessanter." Weigand warf Hesse einen vielsagenden Blick zu, dann wandte er sich an mich: „Haben Sie Herrn Richter schon kennengelernt?"

Meine Güte, mir war übel, was sollte ich jetzt bloß sagen? Ich hatte Clemens doch versprochen, unsere Bekanntschaft geheim zu halten. Aber durfte ich die Polizei belügen? Gerade wollte ich etwas sagen, da antwortete Anja für mich: „Wie sollte das möglich sein? Er ist nicht da, wie ich Ihnen bereits mitgeteilt habe."

„Ja, ja, ich … äh, ich denke, ich werde ihn dann wohl nächste Woche kennenlernen", stammelte ich.

„Gut, wir werden uns dann also telefonisch mit ihm in Verbindung zu setzen versuchen. Und wir werden uns sicher noch einmal unterhalten, Frau Kern. Ich möchte Sie gerne bei Gelegenheit noch einmal unter vier Augen sprechen. Manchmal vergisst man gewisse wichtige Details vor lauter Aufregung."

„Natürlich, ich meine, wenn ich Ihnen weiterhelfen kann", sagte ich verlegen.

„Das können Sie, Frau Kern, da bin ich mir ganz sicher. Frau Malmann, auch Sie sind jederzeit willkommen, wenn Ihnen etwas Wichtiges einfällt."

„Klar, Herr Kommissar."

Weigand und Hesse verabschiedeten sich.

* * *

Sie überquerten die Berliner Straße, denn sie hatten auf dem kleinen Parkplatz am Dom geparkt.

„Ist ja ein Ding, wenn er tatsächlich nach Kalifornien gereist ist", sagte Hesse.

„Ist er nicht, dann macht er sich strafbar, das weiß er auch. Warum er das sagt, das finden wir noch raus. Sag mir etwas zu der Kleinen, Bernd." Weigand zündete sich eine Zigarette an.

„Entweder sie schaut zu viele Krimis oder sie hat ein extrem schlechtes Gewissen."

Weigand blies den Rauch aus, woraufhin Hesse hustete. „Komm, sei nicht spießig, wir befinden uns hier im Freien." Er zog erneut an seiner Zigarette. „Ja, ich tippe auf Variante zwei. Irgendetwas verheimlicht sie uns; warum auch immer. Wir werden ihr bei Gelegenheit auf den Zahn fühlen. Bin gespannt, was wir da als nächstes erfahren."

* * *

Ich fiel förmlich auf meinen Platz zurück. Ich hatte mich soeben in etwas hineingeritten, hatte einen Kommissar angelogen. Das hätte ich nicht tun dürfen. Nun gut, ich stand nicht unter Eid, doch was ging es mich an, dass Clemens Stress mit Anja hatte? Mir wurde regelrecht übel bei dem Gedanken daran, was ich da tat.

„Was ist denn plötzlich mit dir los? Geht es dir nicht gut?", fragte nun auch noch Anja und sah mich argwöhnisch an.

Reiß dich zusammen, Marlene. „Ach, ich weiß auch nicht. Ist wohl alles etwas viel gewesen." Ich würde ihr so gerne die Wahrheit sagen. *Nein, du hast Clemens ein Versprechen gegeben, denk daran.* Aber hier ging es um eine Lüge, eine Lüge vor der Polizei.

Anja brachte mir ein Glas Wasser. „Hier trink das, sonst kippst du mir noch um."

Ich trank das Glas in großen Schlucken aus, während sie mich beobachtete.

„Danke“, schnaufte ich.

„Weißt du Marlene, ich halte es für eine gute Idee, wenn du jetzt nach Hause gehst. Ich schätze, du solltest dich ausruhen. In diesem Zustand bist du mir sicher keine große Hilfe.“

Ich nickte, unfähig etwas zu sagen, denn sonst hätte ich ihr reinen Wein eingeschenkt. Ich nahm meine Tasche, die an der Stuhllehne hing. „Danke Anja und bis morgen.“ Dann verließ ich schnurstracks das Büro.

* * *

„Hallo?“ Clemens meldete sich zum Glück gleich nach dem ersten Klingeln.

„Ich muss dich sofort sprechen“, sprudelte es aus mir heraus.

„Dann leg los. Bist du im Büro?“

„Nein, nein, das bin ich nicht und es wäre mir lieber, wir könnten uns kurz treffen. Ich möchte nicht mit dir am Telefon darüber sprechen.“

Mag sein, dass ich zu viele Krimis gesehen hatte, doch wusste ich, dass man Leitungen abhören konnte und wenn die Kripo ihn schon sprechen wollte, vielleicht hörte sie dann auch seine Gespräche ab. Außerdem konnten sie doch auch sein Handy orten, wieso ließen sie sich auf die Kalifornien-Nummer ein?

„Das klingt so, als ob es pressiert?“, fuhr er fort. „Ich denke, ich weiß, worum es geht. Ich habe eben einen Anruf bekommen. Mach dir keine Sorgen, wir besprechen das alles.“

„Das will ich wirklich hoffen, Clemens."

Er schien verstanden zu haben, denn er schlug vor, dass wir uns in dem kleinen Literaturcafé unweit der Schweizer Straße treffen sollten.

„In einer halben Stunde?"

„Ja, ja, das klingt gut", antwortete ich, obwohl mir das eigentlich viel zu lange dauerte.

Als ich die Schweizer Straße bis zum Schweizer Platz lief, fühlte ich mich unwohl. Was, wenn sie mich beobachteten? Vielleicht wussten sie, dass ich gelogen hatte. Waren Polizisten nicht auch immer psychologisch geschult? Und hatten sie nicht viel mehr Möglichkeiten als die, welche mir spontan einfallen wollten? Ich drehte mich um, lief weiter bis zu einer Boutique und versuchte angestrengt, die Fußgänger hinter mir in der Schaufensterspiegelung zu beobachten. Schließlich ging ich weiter.

Bevor ich in den Untermainkai einbog, in der sich das Nizza befand, ging ich in die an der Ecke liegende Apotheke. Ich kaufte eine Packung Aspirin und erwartete beinah, dass sich jemand zu mir gesellte. Doch niemand schien mir zu folgen. Ich verließ die Apotheke, lief die letzten Meter sehr schnell und bog dann in den Hofeingang. Vor dem Café waren einige kleine Tische und Stühle aufgestellt. Clemens saß bereits in einer schattigen Ecke. Zum Glück war er der einzige Gast. Er wirkte unbeschwert, als er aufstand und mich begrüßte. Er musste bereits einige Zeit dort gesessen haben, denn er saß vor einer halbleeren Kaffeetasse.

„Du machst ja ein Gesicht wie sieben Tage Regenwetter. Mach dir mal keine Sorgen. Der Hesse hat mich bereits angerufen und mit Anja habe ich auch telefoniert."

Ich riss ungläubig die Augen auf. „Ich dachte, sie wähnt dich in Kalifornien."

Er lachte. „Ich habe ihr gesagt, dass ich nicht geflogen bin, ist besser so. Ich wollte ja nur erreichen, dass sie mich eine Zeit lang in Ruhe lässt. Klar war sie sauer, aber das stört mich nicht besonders."

„Weiß sie, ich meine, weiß sie, dass wir uns kennen?"

„Nein, das habe ich ihr noch nicht gesagt. Ich halte es auch nach wie vor für besser, wie ich dir schon sagte, es würde nur alles verkomplizieren. Schließlich lerne ich dich ja nächste Woche ganz offiziell kennen."

Ich schüttelte den Kopf. „Also stecke ich schon mittendrin, in dem ganzen Dilemma."

Clemens lachte unbeschwert. „Ich wüsste nicht, dass du das tust. Doch wenn es dich beruhigt, dann klär die Beamten auf. Wenngleich ich nicht glaube, dass das die Situation in irgendeiner Weise verbessert. Aber natürlich liegt es ganz bei dir."

Die Bedienung unterbrach unser Gespräch und ich bestellte ebenfalls einen Kaffee.

Ich wusste nicht recht, was ich sagen sollte. „Ich glaube, ich bin momentan einfach überfordert mit alldem hier, verstehst du? Und dann gebe ich dir mir nichts dir nichts ein Versprechen, ohne mir im Entferntesten über die Konsequenzen Gedanken zu machen."

Clemens nickte. „Wie solltest du auch? Wie schon gesagt, es bleibt dir überlassen, wie du damit umgehst. Es ist nur, durch meine Beziehung zu Beate damals wäre Anja bestimmt nicht gut darauf zu sprechen, wenn sie von uns wüsste ..." Er lachte bitter. „Noch ist ja nicht allzu viel passiert, was sie wissen müsste.

Aber ich kenne sie, und ich fürchte, sie würde dir das Leben zur Hölle machen, zumindest solange du bei uns arbeiten möchtest."

Er sah mich an, dann nahm er meine beiden Hände. „Marlene, eines musst du mir glauben: Ich mag dich wirklich sehr, und ich bitte dich, nicht wegzugehen. Alles wird gut, da bin ich mir ganz sicher." Plötzlich flüsterte er: „Bitte, verlass mich nicht, Marlene, vertrau mir einfach." Er machte eine Pause, dann sagte er: „Hesse hat mal wieder ein paar Fragen an mich, ich muss also morgen zu ihm aufs Polizeipräsidium, bitte vertrau wenigstens du mir. Wie gesagt, offiziell lernen wir uns ja sowieso nächste Woche kennen und wir haben doch wahrhaftig nichts getan, was ihn etwas angehen könnte."

Ich trank einen Schluck aus meiner Kaffeetasse, dann sah ich ihn an. „Eigentlich komisch, Anja wirkt auf mich stark und selbstbewusst. Dass sie so eifersüchtig ist, kann ich mir nicht recht vorstellen."

„Oft trügt der Schein."

Ein ungutes Gefühl beschlich mich bei seiner Bemerkung.

* * *

Kommissar Weigand saß mit übereinandergeschlagenen Beinen an seinem Schreibtisch. Er zündete sich eine Zigarette an, inhalierte den Rauch und blies ihn nach einer Ewigkeit wieder aus.

„Tja, Herr Richter, das hat uns doch gestern richtig verwirrt, dass Ihre eigenen Angestellten nicht wissen, wo Sie zu erreichen sind."

Clemens Richter fuhr sich durch die Haare. „Ich wüsste nicht, was die Interna, die ich mit meinen Angestellten regele, mit dem Verschwinden von Irina oder gar mit der Verstorbenen zu tun haben sollen. Und wie Sie sehen, habe ich natürlich Ihre Anweisungen befolgt und bin in der Stadt geblieben. Ich wollte ganz einfach meine Ruhe haben, Herr Gott nochmal, ist das etwa ein Verbrechen? Warum kommen Sie nicht zu mir, wenn Sie Fragen haben?"

Weigand sah Richter unverwandt an. „Solange Sie uns die Wahrheit sagen, sind alle anderen Lügengeschichten, die Sie Ihren Mitarbeitern aufzutischen scheinen, Ihre Sache."

„Lügengeschichten, was ich mir hier alles anhören muss!", unterbrach ihn Clemens, während Weigand mit stoischer Ruhe weitersprach: „Es wirft eben die Frage auf, ob Sie uns gegenüber immer ehrlich sind oder was Sie uns vorenthalten oder gar verschwiegen haben, lieber Herr Richter."

„Wenn Sie mit Ihrem Fall nicht weiterkommen, dann ist das Ihre Sache und traurig genug. Ich eigne mich jedoch nicht als Sündenbock, verstehen Sie? Ich sehe, Sie haben nach wie vor nichts gegen mich in der Hand. Und einschüchtern lasse ich mich gewiss nicht von Ihnen, zumal ich ein reines Gewissen habe."

„Schön, schön." Weigand spielte an einem Kugelschreiber, mit dem er sich zuvor ein paar Notizen gemacht hatte, nahm sich schließlich eine Zigarette und sein Feuerzeug.

„Halt!", rief Hesse und deutete auf die brennende Zigarette im Aschenbecher.

Weigand grinste. „Sehen Sie, Herr Richter, Sie bringen mich schon ganz aus dem Konzept. Wo waren wir stehengeblieben? Ach ja, wir dachten uns, es sei besser, sich einmal wieder unter vier Augen zu unterhalten, denn vielleicht fällt Ihnen ja doch noch etwas ein, jetzt, wo wir gerade darüber reden und wo sie doch etwas zur Ruhe kommen konnten. Sowas soll ja hin und wieder vorkommen. Ach übrigens, ehe ich es vergesse, eine hübsche neue Mitarbeiterin haben Sie da, wirkt ein bisschen nervös, die junge Frau. Haben Sie die Dame eingestellt?"

Clemens war aufgebracht. Am liebsten wäre er aufgesprungen. „Wie sollte ich, Herr Kommissar, wenn ich seit Wochen nicht im Büro war?!"

Weigand hob entschuldigend die Hand. „Sie haben natürlich recht. Hatte ich doch beinahe vergessen. Sehen Sie, das ist der Grund, weshalb man viel öfter persönlich miteinander reden sollte, man kann sich dabei in die Augen schauen. Ja, ich verstehe, Herr Richter. Dann passen Sie bloß gut auf die junge Dame auf, wenn Sie wieder da sind, nicht dass sie uns auch noch verschwindet. Wir haben ja so schon genug Kummer, nicht wahr?"

„Wissen Sie, es steht außer Frage, dass die jüngsten Ereignisse ganz schrecklich waren und sie belasten uns alle zutiefst. Das war ja schließlich der Hauptgrund dafür, dass ich mir eine Auszeit genommen habe. Ich musste mir klar darüber werden, ob ich diesen Laden weiter führen kann, ob das meinen und den Nerven meiner Mitarbeiter zuzumuten ist. Ich hatte wirklich großes Glück, dass mich Frau Malmann so exzellent vertreten hat, und ich denke, das Geschäft hat eine zweite Chance verdient. Ich bin sehr erfreut darüber zu hören, dass wir ein paar neue fähige Mitarbeiter eingestellt haben, die hoffentlich frischen Wind in das

Geschäft und uns alle allmählich auf andere Gedanken bringen werden."

Weigand stand auf. „Dann will ich Ihre kostbare Zeit vorerst nicht weiter in Anspruch nehmen. Sie wissen ja, ich habe immer ein offenes Ohr für Sie und manchmal tut es gut, sich allen Kummer von der Seele zu reden. Und glauben Sie mir, wir bei der Kripo sind verdammt gute Zuhörer."

14

25. Juni 2016

Viktor sah auf seinen Wecker. Es war noch viel zu früh, um aufzustehen, dennoch wollte er keinesfalls wieder einschlafen. Dieser schreckliche Traum! Er hatte gedacht, dass er ihn nach all den Monaten endlich überwunden hatte. Doch letzte Nacht war er mit aller Macht zurückgekehrt. Natürlich war es nicht nur ein Traum, es war wirklich geschehen – nur ließ er die Gedanken daran nicht zu, weshalb sie ihn in diesen Albträumen immer wieder aufsuchten.

Irina, sie hätte die Frau an seiner Seite werden können. Dabei musste er sich eingestehen, dass er es selbst vermasselt hatte, indem er sie an Immobilien Richter verwiesen hatte. Er hätte es wissen müssen; nicht immer hatte der Chef recht. Viktor stand auf und machte sich einen starken Kaffee, dann zündete er sich eine Zigarette an und setzte sich an den Küchentisch. Er musste die Erinnerungen zulassen, nur so würden die Träume verschwinden.

Es war der vierte Mai gewesen, als Viktor Irina in die Fabrik gebracht hatte. Er hatte ihr hinter dem Büro aufgelauert und sie dann aufgefordert, ihn wegen einer Aussprache zum Auto zu begleiten. Es war ein leichtes gewesen, sie mit Äther zu betäuben. Sie war erst in der Fabrik aufgewacht. Wäre sie nur nicht so verdammt störrisch gewesen! Er hätte sie da schon wieder rausgeholt.

Er hatte eine Weile an der Eisentür gelauscht. Kein Geräusch war zu vernehmen gewesen. Verdammt, er hatte deutlich zu fest zugeschlagen, das war ihm sofort bewusst gewesen, und es tat ihm auch ein wenig leid – wenngleich sie es verdient hatte, bei ihrem ungehörigen Benehmen. Und wer ertrug schon ständig das Gejammere? Wenn er eines nicht ertragen konnte, dann waren das jammernde Frauen.

„Bitte lass mich, bitte lass mich raus! Wir können über alles reden, Viktor. Wenn du willst, ziehe ich bei dir ein, Ich will doch nur dich!, Nur, lass mich raus, das ist alles ein großes Missverständnis", und so weiter und so weiter. Mein Gott, wer konnte ihm da schon verübeln, dass er schlechte Laune bekam?.

Irgendwann hatte er angefangen, sich zu wundern. Eigentlich war es an der Zeit, dass sie wieder anfing zu wimmern. Wahrscheinlich war das ein Spiel, ja, sie foppte ihn. Scheiß Weiber. Das war so typisch. Er hatte sie dann wohl ein bisschen ärgern wollen.

„Hallo Irina", hatte er gerufen. „Ich könnte dir etwas zu Essen besorgen, Schatz. Was möchtest du denn haben? Komm, sei nicht eingeschnappt, mit mir kann man doch reden." Er hatte grinsen müssen bei seinen Worten, doch leider hatte sie nicht geantwortet.

„Na komm jetzt, so schlimm ist es doch auch nicht. Kein Grund, die Beleidigte zu spielen", hatte er gesagt. Langsam hatte ihn dann die Wut gepackt. Dieses Miststück spielte mit ihm!

„Antworte, du Schlampe!", hatte er schließlich geschrien. Er hatte sich normalerweise besser im Griff, doch bei Irina war es ihm schwer gefallen. Er kaum glauben können, dass sie tot war, hatte ihr bloß wehtun wollen. Er hatte überlegt, ob er gehen und später wiederkommen sollte. Doch wer weiß, was sich die Schlampe noch ausgedacht hatte. Und so hatte er dann schließlich die Tür geöffnet und seine Halogenlampe angeknipst. Das Bild, das sich ihm geboten hatte, würde er nie mehr vergessen: Sie lag auf merkwürdige Weise verdreht auf der Seite, ihr Kopf war überstreckt, als hätte man ihr den Hals lang gezogen. Er hatte darüber ein wenig schmunzeln müssen, hatte es ihn doch an eine Szene aus Wilhelm Busch erinnert: Max und Moritz' erster Streich. Die Hühner, die an ihren langen Hälsen aufgehängt worden waren. „Jeder legt noch schnell ein Ei, und dann kommt der Tod herbei." Auch darüber war er damals höchst amüsiert gewesen. Ein Ei hatte sie glücklicherweise nicht gelegt. Aber tot war sie, ganz eindeutig. Dieser Hals, wie konnte das geschehen sein? Er musste ihr mit der lächerlichen Ohrfeige das Genick gebrochen haben. Mein Gott, Frauen hielten wirklich gar nichts aus, das bewies es mal wieder. Wenigstens würde sie jetzt nicht mehr jammern, hatte er gedacht.

Viktor drückte seine Zigarette aus und zündete sich gleich eine neue an. Sie half ihm bei der Erinnerung: Er hatte sich neben sie gekniet, seine Hand vor ihre Nase gehalten. Er hatte sichergehen wollen, dass sie nicht mehr atmete. Da war kein Hauch gewesen.

„Schade um dich, es hätte alles so schön sein können. Warum musstest du nur rumstreunen. Wir wären gewiss glücklich geworden."

Dann hatte er ihr allzu fest die Augen geschlossen. Warum musste sie ausgerechnet schon zu diesem Zeitpunkt abkratzen, was sollte er nun mit ihr machen? Er konnte sie ja kaum aus dem Gebäude herausschaffen, das war viel zu gefährlich. Doch er wäre nicht Viktor Novack, wenn ihm nicht immer etwas einfallen würde, so war es auch damals gewesen. Ihm war eine Idee gekommen, die ihm wenigstens eine gewisse Befriedigung verschaffen würde. Zuvor hatte er noch das Beil holen müssen. Er besaß es seit geraumer Zeit, hatte es jedoch nie einweihen können. Er hatte Irinas Leichnam kurz allein gelassen und das Werkzeug geholt.

Er hatte er ihre Bluse geöffnet. Schade um den schönen glatten Bauch. Wie er wohl ausgesehen hätte, wenn sie von ihm schwanger gewesen wäre? Ja, insgeheim hatte er damals die Hoffnung gehegt, mit ihr eine Familie zu gründen. Doch dann hatte sie sich als Schlampe entpuppt.

Er hatte das Messer gezogen, das er immer bei sich trug. Er hatte es damals dem Chef geliehen, für Beate, ein ganz besonderes Messer also. Zum Glück hatte er es gerade erst geschärft gehabt. Dann hatte er in tiefen, scharfen Zügen das Wort „Schlampe" in ihren Bauch geritzt.

Blut war aus der Wunde gelaufen. „Du hast nichts Besseres verdient. Selbst jetzt versuchst du noch, mir Schwierigkeiten zu bereiten." Er hatte ihre Bluse schließlich wieder zugeknöpft und sie zurück in ihre Jeans gestopft, danach hatte er ihre Arme ausgebreitet.

Der Gedanke an das, was darauf folgte, verschaffte ihm noch immer Befriedigung. Er hatte ihr mit dem Beil beide Hände abgetrennt. Nie wieder konnte sie etwas anfassen, was ihr nicht gehörte, nicht einmal nach ihrem Tod. Was war sie doch für eine jämmerliche Erscheinung gewesen, als sie da so verstümmelt auf dem Boden lag.

Die Halogenlampe hatte er so auf den Boden gelegt, dass ihr Strahl bis zu den beiden Fässern reichte, hatte dann die Hände eingesammelt und sie in das Wasserfass geworfen. Schließlich hatte er den Leichnam an den Haaren zum Fass geschleift. Er war nun wirklich kein Schwächling, doch wenngleich sie tot war schien sie ihr Körper wehren zu wollen.

Er hatte sie an ihren Haaren in Sitzposition gezerrt und sie an die Wand gelehnt. Daraufhin hatte er sich ihren schlaffen Arm um den Hals gelegt, ihn fest umklammert und sie hochgezogen. Zu allem Überfluss war ihr dabei die Schulter ausgekugelt und beinahe war sie ihm wieder zu Boden geglitten. Ihm war damals seine Krankheit zum ersten Mal so richtig zum Hindernis geworden, sie schwächte ihn zusehends.

Mit aller Gewalt hatte er sie hochgezogen, hatte ihren Kopf mit der einen Hand gegen das Fass gedrückt, während er mit der anderen zwischen ihre Beine griff, um ihren Hintern hochzuheben. So war sie am Ende kopfüber in das Fass geschossen. Eine riesige Wasserlache war heraus geschwappt und hatte ihn vollkommen durchnässt. Es war eine einzige Sauerei gewesen.

Er entsann sich an den letzten Blick, den er in das Fass geworfen hatte. Ihre Hände schwammen oben und schienen ihm zuzuwinken. Ein grotesker Anblick, der ihn bis in seine tiefsten Träume verfolgen sollte.

Das hätte damals beinahe das Aus bedeutet, denn er hatte nun noch dem Chef von dem Unfall berichten müssen. Er ging zum Kühlschrank, nahm sich eine halbvolle Flasche Bier und setzte sich zurück an den Tisch. Er wollte sich nun endlich an alles erinnern. Das war jedoch leichter gesagt als getan, denn genau dieses Gespräch war es, was er die ganze Zeit zu verdrängen versucht hatte. Zu peinlich war es ihm, wie sein Chef ihn angeblafft hatte. Andererseits durfte man auch nicht feige sein und musste zu den Dingen stehen, die man getan hatte, dass hatte ihm als Kind bereits seine Mutter eingebläut.

Nun dachte er daran, wie der Chef reagiert hatte: „Wie oft habe ich dir schon gesagt: ich melde mich!"

„Ich weiß ja, Chef, ich hätte es auch nicht gewagt, aber es ist etwas Unvorhergesehenes geschehen. Ich denke, dass sollten Sie wissen."

„Dann leg schon los."

„Sie wissen ja, wie widerspenstig Irina sein konnte, nicht?"

„Weiter, ich habe keine Zeit für diese Ausführungen. Ich erwarte jeden Moment Besuch, falls du wenigstens das verstehst."

„Also gut, sie schrie und sie, ja, wenn ich nicht gehandelt hätte, sie wollte mich angreifen, trat nach mir, boxte mich und so weiter."

„Aha, das sollte ja für dich kein großes Problem gewesen sein."

„Nein Chef, das war es auch nicht. Ich gab ihr eine Ohrfeige."

„Und deswegen belästigst du mich? Sie wird es überlebt haben und sich in Zukunft vorsehen vor dir. Gut gemacht, das wolltest du doch wohl hören."

„Na ja, es gibt da ein kleines Problem, Chef."

„Viktor, komm zur Sache! Wie gesagt, ich erwarte jeden Moment ..."

„ ...sie ist tot, Chef."

„Was sagst du da?"

„Ich wunderte mich, weshalb es so still war, als ich an der Tür horchte. Es machte mich schrecklich wütend, dass sie nicht reagierte, als ich nach ihr rief. Ich ging rein, wollte ihr wegen ihres Ungehorsams noch eine verpassen. Na ja, sie lag da, irgendwie war ihr Hals völlig überstreckt, Chef. Ich habe wohl ein wenig zu fest zugeschlagen. Ich denke, sie starb an einem Genickbruch."

Am anderen Ende der Leitung war es still geblieben.

Er schloss die Augen, als er daran dachte, so peinlich war es ihm noch immer.

Er hatte dann gefragt: „Chef, sind Sie noch dran?"

„Ob ich noch dran bin, du Taugenichts? Ja, ich bin dran, und ich überlege mir, wie ich dich am besten dafür bestrafen kann, du Kretin! Du bist wahrhaftig zu nichts nutze. Das kommt davon, wenn man sich mit Idioten umgibt!"

„Es tut mir wirklich leid. Wie ich schon sagte, ich habe ihr bloß eine Ohrfeige gegeben. Konnte doch nicht wissen, dass sie das umbringen würde."

„Was hast du mit ihr gemacht? Wo ist sie jetzt, verdammt nochmal?!"

„Das war die Frage, die ich mir auch gestellt habe. Was mache ich jetzt mit ihr?"

„Komm endlich zur Sache!"

Und dann hatte er ausführlich erzählt, was er mit ihr getan hatte: „Das habe ich mir von Ihnen abgeguckt, Chef. Sie hätten ihr sicher auch die Hände genommen, nicht wahr? Sie kann jetzt wenigstens nichts mehr damit anfassen."

Viktor dachte nach. Wie fühlte er sich jetzt, nachdem er sein Gedächtnis aufgefrischt hatte? Ein wenig besser. Es fühlte sich gut an, er hatte sein Gewissen beruhigt. Nie wieder wollte er von ihr träumen, nie wieder.

Er stand auf, ging zum Fenster und schaute auf das Fabrikgelände. Letzten Endes hatte ihm der Chef zum

Glück verziehen und das alles hatte sie beide noch enger zusammengeschweißt.

Bis das der Tod uns scheidet, dachte er. Und demnächst würde Irina in einem Säurebad endgültig verschwinden.

15

30. Juni 2016

Nach dem dritten Klingeln ging Clemens ans Telefon. „Hallo Marlene."

„Warum meldest du dich nicht, hat der Termin im Polizeipräsidium so lange gedauert?"

Clemens wirkte entspannt.

„Nein, ich habe Hunger und wollte mir erst einmal etwas zu essen machen."

Seine Reaktion enttäuschte mich. „Du musst doch wissen, dass ich mir Sorgen mache! Was haben sie gesagt, ich meine, haben sie nach mir gefragt?"

Kurze Pause, bevor er antwortete: „Nein, nein, natürlich nicht, was sollen sie denn gefragt haben? Ach so, doch, Kommissar Weigand wollte wissen, ob ich dich eingestellt habe. Das habe ich verneint, ist doch auch die Wahrheit, oder nicht?"

Ich atmete erleichtert auf.

„Ich sagte, ich lerne dich ja nun hoffentlich sehr bald kennen."

In mir zog sich alles zusammen.

„Wieder eine Unwahrheit, Clemens."

„Es spielt doch gar keine Rolle, wann ich dich kennengelernt habe. Es geht doch um etwas ganz anderes. Als all das geschehen ist, warst du doch noch gar nicht bei uns, warum sorgst du dich also?"

„Du hast natürlich recht. Ich meine ja nur, wenn sie herausfinden, dass wir uns schon vorher gekannt haben ... Ich meine, in einer Großstadt gibt es doch auch Überwachungskameras, verstehst du? Und diverse Menschen, die uns zusammen gesehen haben, denk allein an den ersten Abend im Apfelweinlokal. Dann werden sie sich doch fragen, ob ich etwas zu verbergen habe."

Wieder lachte Clemens. „Ich glaube, du hast zu viel Fantasie. Ich habe geklärt, dass ich mich nicht in Amerika aufgehalten habe, sondern hier war."

„Ach ja, und wie ist er damit umgegangen?"

„Er wollte natürlich wissen, warum meine Angestellten nicht informiert waren, und ich sagte, dass ich nach alldem eine Auszeit brauchte. Das ist die Wahrheit, Marlene, weiter ist da nichts."

Ich nickte, aber das wusste er natürlich nicht.

Er fuhr fort: „Wie wärst du damit umgegangen, Marlene? Anfang Mai wird Beate ermordet aufgefunden und kurze Zeit später verschwindet Irina."

„Es geht ja nicht darum, Clemens. Ich meine, natürlich verstehe ich dich. Es ist nur, warum können wir denn nicht sagen, dass wir uns kennen und dass wir uns ein paar Mal verabredet haben? Was ist denn schon dabei, wen stört es? Abgesehen davon sagtest du mir doch, es sei Schluss mit Anja."

„Das ist es ja auch. Wie ich schon sagte, es ist besser für das allgemeine Arbeitsklima. Ich kann dir wirklich nicht mehr dazu sagen und wenn du noch so oft fragst!"

„Gut, das habe ich zu akzeptieren, akzeptiere du aber nun bitte, dass wir uns nicht mehr treffen, bevor wir uns offiziell kennenlernen. Am besten wäre es, wir lassen es beim Beruflichen bewenden." Jetzt zitterte meine Stimme ein wenig.

Am anderen Ende herrschte Stille.

„Bist du noch da?“

„Ja, ja klar, ich bin da und ich denke, es gibt nichts mehr dazu zu sagen. Du kannst dich ja melden, wenn du es dir anders überlegst. Ich wünsche dir einen schönen Tag und ja, dann bis nächste Woche im Büro. Mach's gut.“

Er hatte mich weggedrückt.

Ich starrte auf das Display meines Handys. Das klang alles sehr hart, was ich gesagt hatte und es tat mir leid. Mir war bewusst, dass ich das so nicht wollte. Sollte ich ihm eine Nachricht schreiben, mich entschuldigen?

Nein, das schien mir nicht richtig zu sein. Ich hatte meinen Standpunkt geäußert und er den seinen. So sollte es sein, was erwartete ich denn? Ich hatte Zweifel angemeldet, hatte ihm mehr oder weniger Vorwürfe gemacht. Unseren Ansichten stimmten eben nicht überein, das war schließlich legitim. Und außerdem war es besser, jetzt schon eine Entscheidung zu treffen, bevor sich etwas daraus entwickeln konnte. Dabei wusste ich ja nicht einmal, ob es das überhaupt getan hätte. Man konnte sich ja auch einfach nur gut verstehen und ein wenig Freizeit miteinander verbringen, das musste ja nicht gleich zu einer Beziehung führen. Ich war schließlich erwachsen genug, um mich nicht Hals über Kopf in einen Menschen zu verlieben, den ich gerade erst kennengelernt hatte – und der noch dazu mein Chef war. Und konnte ich hinter seine Stirn blicken? Wusste ich, ob Anja nicht zu Recht an ihm zweifelte, ja, sogar zu Recht eifersüchtig war? Ich musste natürlich zugeben, dass ich nicht verstand, weshalb sie ihn oder besser gesagt ihre Beziehung mit keinem Wort erwähnt hatte. Doch wie ich mir auch hier eingestehen musste, war ich für sie noch eine mehr oder weniger fremde Person. Sie musste erst lernen, mir zu vertrauen, das war doch ganz klar.

Ich ging zum Kühlschrank und nahm die angebrochene Flasche Wein heraus, die schon ewig darin stand. Ich hatte das Gefühl, dass ich nun ein wenig Nervenstärkung brauchen konnte, denn ich war traurig; zutiefst traurig. Ich dachte an Irina. Wo mochte sie sein? War sie in Sicherheit oder ging es ihr schlecht, war ihr am Ende etwas zugestoßen? Am liebsten wäre ich direkt zur Polizei gegangen und hätte mich reingewaschen von dieser dummen Lüge. Doch ich konnte das Clemens nicht antun.

Ich setzte mich aufs Sofa, legte die Beine hoch und probierte den Wein. Er war noch gut.

Und wenn ich doch zur Polizei ginge? Schließlich war sich jeder selbst der Nächste … Doch das würde bedeuten, dass ich mir einen neuen Job suchen musste, und nicht nur das, ich würde mich wahrscheinlich genauso schlecht fühlen wie jetzt, denn ich würde mich illoyal verhalten, dachte ich. Was würde mein neuer Kollege machen, dieser Tobias Winkel? Wusste er es bereits? Und wenn ja, würde er kündigen? Sicher nicht. Männer waren da anders gestrickt, da war ich mir sicher. Das hieße, dass nur ich gehen würde, das wäre dann wahrscheinlich noch peinlicher. Nein, wie ich es auch drehte und wendete, es gäbe in jedem Fall Schwierigkeiten. Ich trank erneut einen Schluck Wein. Nein, ich würde mein Versprechen nicht brechen. Vorerst nicht.

16

1. August 2016

Schon von Weitem erkannte ich Clemens, der an seinem Schreibtisch direkt am großen Fenster unseres Büros saß. Mein Herz begann heftig zu schlagen. Hoffentlich war ich souverän und ließ mir nichts anmerken. Ich hatte die ganze Nacht kaum geschlafen.

„Da bist du ja, Marlene", begrüßte mich Anja, die Clemens mit einem Berg Immobilien Exposés, am Schreibtisch gegenüber saß. „Du bist spät dran heute."

„Ich hatte Parkplatzprobleme", sagte ich entschuldigend und ging auf Clemens zu, der aufgestanden war und mir die Hand bot.

„Ich grüße Sie, Marlene. Anja hat viel und nur Positives von Ihnen berichtet. Schön, Sie kennenzulernen. Oder, ach was, wir duzen uns hier doch alle. Wenn es Ihnen recht ist? Ich heiße Clemens."

„Kein Problem, hallo Clemens, ich, äh, ich hoffe, Sie, nein, du wirst mit mir zufrieden sein", stammelte ich mit gepresster Stimme.

Hoffentlich hatten die anderen meine Unsicherheit nicht bemerkt.

„Wie du sicher von Anja gehört hast, war ich im Urlaub. Doch ab jetzt geht es wieder mit vollem Elan ans Werk", plauderte er munter daher.

Ich nickte, wobei es mir wahnsinnig schwer fiel, ihn anzusehen, also starrte ich angestrengt auf die

Unterlagen. Was machte ich da nur? Ich stellte mich ja ganz furchtbar an.

Anja warf mir einen skeptischen Blick zu oder bildete ich mir das bloß ein?

„Marlene, was ist los mit dir, so kenne ich dich ja gar nicht. Geht es dir schon wieder nicht gut?"

Ich hatte es mir also nicht eingebildet.

„Ach, es ist nur dieser Verkehr, und dann komme ich auch noch zu spät." Ich lachte gequält. „Ich meine, ich wollte doch eigentlich einen guten Eindruck machen, bei Ihnen, äh dir." Ich sah Clemens jetzt direkt ins Gesicht.

„Das tust du ganz sicher, ich freue mich, dass du jetzt bei uns arbeitest." Clemens wirkte völlig gelassen. Es schien ihm nicht das Geringste auszumachen, dass ich so unsicher war. Er war scheinbar ein verdammt guter Schauspieler.

„Hallo Marlene, ich habe gerade erfahren, dass wir heute eine gemeinsame Besichtigung durchstehen müssen", schaltete sich nun Tobias ein, den ich bislang völlig übersehen hatte.

„Durchstehen ist gut", meinte Anja. „Ich würde euch auch wirklich gerne zur Seite stehen, doch gibt es einiges zu besprechen mit Clemens – nicht wahr?" Sie sah ihn auffordernd an. „Ist doch einiges passiert, als du nicht da warst."

„Marlene ist ja anscheinend schon ein wenig erfahren, ich meine hier, in diesem Büro. Und du, Tobias, bist ja auch nicht neu auf diesem Gebiet, also was sollte da schon schiefgehen?"

Ich blickte zu Anja hinüber. „Der Wenz ist heute hoffentlich nicht dabei?"

Anja lachte. „Nein, keine Sorge. Er wird nicht kommen."

Clemens blickte verwirrt. „Ich kann mit diesem Namen beim besten Willen nichts anfangen. Macht er etwa Ärger, Anja?"

Ich beobachtete die beiden aufmerksam.

„Ach, ich habe dir doch mehrfach von ihm berichtet, was ist denn los mit dir? Der Kunde, der nicht mieten will, sich aber regelmäßig Immobilien zeigen lässt."

Clemens schüttelte ungläubig den Kopf und sah mich dabei an. „Es tut mir leid, Marlene, wenn du gleich am Anfang an solche Kunden gerätst. Gibt in jeder Branche schwarze Schafe, das wissen wir doch alle, nicht wahr?"

Ich wusste nicht recht, was ich darauf sagen sollte. Kannte er den Mann nun oder nicht?

Doch dann bat mich Tobias glücklicherweise, den Termin, den wir in einer Stunde haben würden, noch einmal mit ihm durchzugehen.

* * *

Das Objekt, ein kleines Reihenendhaus, lag mitten auf dem Riedberg.

„Ist mir lieber als die möblierte Wohnung", sagte Tobias.

„Die möblierte Wohnung?", fragte ich.

„Ja, auch hier auf dem Riedberg, ein Objekt von Immobilien Richter. Anja sagt, es lässt sich schwer vermieten, einfach zu weit weg vom Zentrum. Wollte Clemens schon überreden, sie vorerst mir zu überlassen, doch er hat wohl Besseres damit vor."

„Wo wohnst du eigentlich im Moment?"

„Tja, das ist es ja, habe mich erst einmal in einem Hotel am Zoo einquartiert. Ist nicht einfach zu arbeiten und sich gleichzeitig um eine Wohnung zu kümmern."

Wieder dachte ich, wie nett Anja gewesen war, sich sofort um eine Unterkunft für mich zu kümmern. Sie war eine gute Freundin und ich lag ihr am Herzen, das spürte ich. Ich würde ihr beweisen, dass sie sich auf mich verlassen konnte.

Das Häuschen vermietete sich ohne unser besonderes Zutun, denn die junge Familie war gerade erst nach Frankfurt gekommen und suchte händeringend eine Bleibe mit einem kleinen Garten für den Nachwuchs. Ich fragte mich, warum wir zu diesem Termin zu zweit hatten kommen müssen, schließlich hatte mir Anja schon weitaus schwierigere Fälle allein zugemutet. Vielleicht wollte sie einfach, dass wir uns besser kennenlernten. War wahrscheinlich nicht unwichtig für ein angenehmes Arbeitsklima. Wenngleich ich zugeben musste, dass ich mich schwer tat, mit Tobias warm zu werden. Ich fand ihn auf unerklärliche Weise seltsam. Ich hätte selbst nicht recht sagen können, warum. Vielleicht war es seine Art, die anzüglichen Blicke, die er mir zuwarf, seine saloppen Bemerkungen: „Was wiegst du eigentlich?", fragte er beispielsweise aus heiterem Himmel.

Ich sah ihn verständnislos an. „Das hat mich auch noch niemand gefragt. Wozu willst du das wissen?"

Daraufhin lachte Tobias. „Reine Neugierde, ich frage mich das immer bei den Menschen meines Umfeldes, ist so ein Spleen. Ich täusche mich fast nie, bei dir würde ich sagen sechzig Kilo, leicht zu tragen." Er zwinkerte.

„Zum Glück kann ich laufen", gab ich zurück.

17

2. August 2016

Viktor wusste nicht recht, was er mit sich anfangen sollte. Er langweilte sich seit Tagen: Keine Nachricht, kein Auftrag, nichts. Er musste sich beherrschen, durfte jetzt nicht durchdrehen. Es gab diese Zeiten, in denen es nichts zu tun gab, das würde sich auch wieder ändern, das hatte sich jedes Mal sehr schnell geändert. Er hatte schon etliche Male ins Internet geschaut. Nicht einmal die Freundschaftsanfragen auf Facebook interessierten ihn noch. Sahen eh alle gleich aus, die billigen Schlampen. Letzten Endes wollten sie Geld, wenigstens dann, wenn sie ihn sahen. Sein Geld jedoch wurde langsam knapp, denn wenn es der Zufall wollte, würde er vielleicht doch noch länger leben als gedacht. Er spielte mit dem Gedanken, die Nummer zu wählen. Aber nein, das würde er nicht tun, den Ärger, den das mit sich bringen würde, wollte er sich ersparen.

* * *

Ich hatte mich an das neue Arbeitsklima mittlerweile gewöhnt. Immer besser arbeitete ich mich ein und ich war souveräner geworden. Mit Clemens hatte ich privat keinen Kontakt mehr, wenngleich er mir deutlich zu verstehen gab, dass er sich das wünschte. Über vier Wochen waren seit unserem letzten Gespräch vergangen, bei dem ich entschieden hatte, dass ich lieber keine private Verbindung haben wollte. Selbst mein schlechtes Gewissen hatte sich gelegt. Doch spürte ich bei Anja eine deutliche Veränderung. Sie war kühler, ablehnender geworden. Jedes Mal, wenn ich sie fragte, ob wir uns einmal wieder außerhalb des Büros treffen wollten, verneinte sie. Zuviel zu tun, noch ein spätes Kundengespräch, Migräne, zu müde. Und wenn ich mit Clemens sprach, beobachtete sie uns argwöhnisch. Oder bildete ich mir das ein? Ich wusste es nicht. Wusste nicht, ob ich mich da schon wieder in irgendetwas hineinsteigerte, doch es machte mich traurig und ich wollte alles tun, um diesen Zustand zu verbessern.

Es war ein heißer Sommertage in der ersten Augustwoche, einer dieser Tage, an denen kein leiser Windhauch weht und man hier, mitten in der Stadt, wie in einem brodelnden Kessel sitzt. Das große Sommerloch, bei dem man sich fragte, ob es nicht Sinn machen würde, das Büro für ein oder zwei Wochen zu schließen. Doch das war nicht meine Entscheidung und schon gar nicht so kurz nach meinem Einstieg.

Tobias hatte einen Außentermin und so saßen nur wir drei im Büro.

„Würdest du mich heute noch zu einem Termin begleiten, Marlene? Ich habe da etwas in Fechenheim. Kleines Einfamilienhaus, nicht das große Geld zu holen, aber dennoch ganz interessant. Da mein Auto in der Werkstatt ist, könntest du mich doch fahren", schlug Clemens vor.

Anja sah mich neugierig an, während sie ein Telefongespräch führte. „Ich sagte Ihnen doch, sobald ich etwas für Sie habe, melde ich mich. Es ist zwecklos, wenn Sie mich dauernd fragen, ich vergesse Sie nicht." Sie beendete das Gespräch und warf das Telefon unsanft auf ihren Schreibtisch.

Clemens sah sie erstaunt an. „Ich finde, das hättest du deutlich freundlicher sagen können, Anja, so kenne ich dich gar nicht. Und es wäre mir lieber, wenn du etwas höflicher mit unseren Kunden umgehen würdest."

„Ach, was weißt du denn schon? Ich kümmere mich wahrlich gut um unsere Kundschaft, selbst wenn du nicht da bist", entgegnete sie und funkelte ihn wütend an. „Warum gibst du Clemens nicht einfach dein Auto, Marlene, ich könnte dich hier gut brauchen."

„Klar, ja natürlich, nimm es nur, Clemens", sagte ich bestätigend.

Clemens schüttelte den Kopf. „Sei so gut und fahr mich." Mit einem missbilligenden Blick wandte er sich an Anja: „Noch sage ich hier, wo es lang geht, meine Liebe. Ich weiß nicht, was in letzter Zeit in dich gefahren ist, doch herrscht hier momentan nicht das allerbeste Arbeitsklima, selbst die Fliege an der Wand scheint dich zu stören. Und mit dir, Marlene, möchte ich gerne einmal unter vier Augen reden."

Sein harter Ton erschreckte mich. So kannte ich Clemens nicht.

„So", herrschte Anja ihn an, „unter vier Augen reden nennt man das!" An mich gewandt sagte sie: „Das macht er immer, er will mich eifersüchtig machen, verstehst du? Nein, du verstehst natürlich nicht. Wie solltest du auch? Wir sind ein Paar." Sie sah ihn an, denn er war aufgesprungen. „Gut, es gab Schwierigkeiten, musst du wissen, es gibt immer Schwierigkeiten, wenn wir neue Frauen einstellen. Dann bin ich nämlich plötzlich nicht mehr gut genug." Sie war jetzt laut geworden.

„Was faselst du da nur?" Clemens schüttelte ungläubig den Kopf. „Es ist vorbei mit uns, und das weißt du auch."

„Was ich fasele? Das will ich dir sagen! Du kannst die Finger nicht von den Weibern lassen, das fasele ich. Und dann, mein Lieber, dann verschwinden sie auf unerklärliche Weise. Ist das nicht eigentümlich?" Sie lachte höhnisch.

Gerade setzte Clemens zum Gegenschlag an, da kamen Kommissar Weigand und sein Kollege Hesse zur Tür herein. „Guten Tag Herr Richter, bei Ihnen geht es ja hoch her. Wir haben Sie bereits von der anderen Straßenseite aus streiten gehört."

„Was gibt's?", fragte Clemens, noch immer erbost. „Wieder jemand tot oder wollen Sie dieses Mal vielleicht eine Wohnung mieten?"

Weigand lachte. „Ich versuche meinen Kollegen schon seit geraumer Zeit zu überreden, sich eine größere Wohnung anzuschaffen, nicht Bernd?"

Hesse grinste. „Weniger ist meistens mehr."

Weigand zog er etwas aus seiner Hemdtasche und warf es vor Clemens auf den Tisch. „Wir haben den Ausweis und den Reisepass von Frau Kowalski gefunden."

Clemens starrte wie versteinert auf die Papiere. „Wann, ich meine wo, wo haben Sie die denn gefunden?"

„Die Frage müssen wir Ihnen nicht beantworten, Herr Richter, wichtig ist, dass wir sie gefunden haben. Das heißt, wir nehmen jetzt die Ermittlungen wieder auf", sagte Hesse. „Ist doch sonderbar, nicht wahr?

Da macht sich die junge Frau so ganz ohne Papiere auf und davon. Und dann weiß noch nicht einmal jemand, was dem Fernbleiben vorausging."

Da sprang Anja plötzlich auf. „Clemens, erinnere dich! An diesem vierten Mai, als sie das letzte Mal bei uns war, da hatte sie doch einen Termin."

„Ja, um zehn, aber das habe ich Ihnen doch schon längst gesagt." Er blickte die Polizisten an.

Sie fuhr fort: „Schon, aber ich erinnere mich, dass sie danach kurz zu ihrer Wohnung fahren wollte. Wegen des Stromablesens, hast du das auch erwähnt?"

Clemens schaute irritiert zu Anja. „Nein, davon wusste ich nichts."

„Ist ja interessant", warf Weigand ein und machte sich Notizen.

„Davon wusstest du nichts? Wie kannst du das behaupten?"

„Anja, was redest du denn da, niemand hat es mir gesagt." Er sah von Weigand zu Hesse. „Das müssen Sie mir wirklich glauben. Was hätte ich denn davon, wenn ich Ihnen das verschweigen würde?"

„Das wäre nicht nur ungewöhnlich, sondern dumm. Ich denke, das wissen Sie jedoch bereits. Würde ein schlechtes Licht auf Sie werfen, wenn Sie uns wichtige Informationen vorenthalten."

„Anja, bitte denk doch mal nach. Wir haben nie darüber geredet. Du hast dich nur mittags gewundert, dass sie immer noch nicht von Ihrem Termin zurückgekehrt war und hast versucht, sie auf dem Handy zu erreichen."

Anja schüttelte traurig den Kopf. „Ganz ehrlich, Clemens, das ist mir in letzter Zeit schon mehrfach aufgefallen, dass du Dinge vergisst. Ich beginne, mir Sorgen um dich zu machen, wo du dich doch gerade richtig erholen konntest." Sie sah die Polizisten mit besorgtem Blick an und hob entschuldigend die Arme.

Es war schrecklich peinlich, das alles mit anhören zu müssen, Clemens tat mir irgendwie leid.

„Herr Kommissar, das muss ein Missverständnis sein. Was sollte es mir denn bringen, wenn ich es Ihnen nicht erzählt hätte? Ich will doch alles tun, um zu helfen, Irina zu finden. Das müssen Sie mir glauben, nichts ist mir wichtiger, als dass sich dieser Fall endlich aufklärt. Das bedeutet für uns alle eine große Zerreißprobe, das werden Sie sich doch vorstellen können."

Weigand nickte. „Ich hoffe, es fällt Ihnen wieder ein und – vielleicht hatten Sie ja noch ein paar weitere Gedächtnislücken, Herr Richter. Melden Sie sich, wann immer Sie etwas dazu sagen wollen. Wir bleiben in enger Verbindung, das kann ich Ihnen versprechen." Dann wandte er sich an Anja: „Der Besichtigungstermin war um zehn. Sagte sie zufällig auch, wann sie wegen des Ablesers in ihrer Wohnung sein musste?"

Anja überlegte. „Ich glaube ab elf Uhr dreißig, nicht wahr, Clemens?" Sie blickte ihn auffordernd an, doch er starrte gedankenverloren ins Leere und hob hilflos die Schultern.

„Danke und auf Wiedersehen, die Herrschaften." Damit verließen Weigand und Hesse das Büro.

* * *

„Tja, Lügen haben verdammt kurze Beine. Wie tief steckt Richter da mit drin?", fragte Hesse seinen Chef, als sie im Auto saßen.

„Alles eine Frage der Zeit, wir finden das raus, Bernd. Im Moment passt das alles noch ganz und gar nicht zusammen. Vielleicht sollte ich meiner Tochter heute Abend mal beim Puzzeln zuschauen."

„Du und dein Humor." Hesse schüttelte den Kopf. Weigand lachte.

* * *

„Was fällt dir ein, bist du verrückt geworden?!", schrie Clemens.

„Das frage ich dich, mein Lieber. Und das alles vor Marlene. Was soll sie bloß von dir denken, he?"

„Hättest du sie nicht so dermaßen verunsichert, würde sie bestimmt nichts Schlimmes von mir denken! Sie kennt mich nämlich schon eine Weile, und glaubst du, ich merke nicht, wie es in dir kocht?"

Es traf mich wie ein Schlag, jetzt kam alles raus.

„So, sie kennt dich? Dass ich nicht lache. Da du ja auch schon so lange wieder hier bist." Anja kicherte hysterisch.

„Wir haben uns durch Zufall bereits vorher kennengelernt."

Anja stand mit offenem Mund da und blickte von einem zum anderen, dann ließ sie sich auf ihren Schreibtischstuhl fallen.

„Das wird ja wahrlich immer interessanter. Kannst du vielleicht jetzt auch mal was dazu sagen, Marlene?" Sie sah mich auffordernd an.

„Ja, weißt du, ich, ich … ich weiß nicht recht, was ich sagen soll, ja, wir trafen uns durch Zufall in –"

„Durch Zufall?" Anja schnaubte. „Allein durch Zufall? Lass mich raten: Clemens hat dich kennengelernt und dir ganz durch Zufall einen Job bei uns angeboten und ich war das einzige Schaf, das wieder einmal von nichts wusste. Im Gegenteil, ich dachte, ich hätte dich eingestellt, ja und eingewiesen, dir ein paar schöne Aufträge verschafft. Und damit nicht genug, ich habe dir sogar noch meine Freundschaft angeboten, ist das nicht unglaublich?"

„Quatsch", unterbrach nun Clemens den Redefluss, „sie sagt die Wahrheit. Sie wollte nicht, dass wir es verheimlichen, schon weil es nichts zu verheimlichen gibt. Wir haben nichts miteinander, verstehst du? Ich war derjenige, der sie bat, es für sich zu behalten, weil ich weiß, dass du krankhaft eifersüchtig bist."

Anja hatte Tränen in den Augen. Sie schüttelte ungläubig den Kopf.

„Mein Gott Clemens, was erfindest du da nur alles? Noch vor kurzem hätte ich mich wie eine Löwin vor dich geworfen, hätte die Hand für dich ins Feuer gehalten. Sogar als du zusammengebrochen bist wegen der Sache mit Irina, selbst da habe ich dir noch vertraut. Aber nun? Ich und eifersüchtig? Clemens, ich mache mir ernsthafte Sorgen um deinen Geisteszustand. Schließlich habe ich doch mit dir Schluss gemacht."

„Das wird ja immer unglaublicher!", brüllte Clemens. „Du mit mir?!"

Er sah mich verzweifelt an und dämpfte seine Stimme: „Bitte glaub dieses Märchen nicht, Marlene. Es ist alles so, wie ich es dir gesagt habe. Sie scheint Dinge zu verwechseln oder zu beschönigen, was weiß denn ich. Bitte glaub mir." Dann wandte er sich wieder an Anja: „Ich hätte mich längst von dir lösen sollen, Anja, das hat alles keinen Sinn mehr. Ich meine, wie sollen wir weiterhin geschäftlich miteinander verkehren, wenn wir uns gegenseitig nicht über den Weg trauen können?“

„Du kannst gerne versuchen, mich loszuwerden – wird allerdings nicht so einfach sein, immerhin sind wir Partner.“

* * *

Lutz Weigand fühlte sich überarbeitet. Seit Tagen schob er wegen dieses Falls Spätschicht. Die letzte Stunde hatte er unablässig auf das Whiteboard gestarrt. Es ging nicht recht voran, das ärgerte ihn. Weigand war selten schlechter Laune, aber heute kam alles zusammen. Die Müdigkeit, der zähe Berufsverkehr und sein laut knurrender Magen. Selbst als er in die Hintergasse einbog, musste er sich ärgern, denn sämtliche Parkplätze in der Nähe seiner Wohnung waren belegt.

„Es gibt eben solche Tage“, knurrte er.

Kaum hatte er den Schlüssel ins Schloss gesteckt, kam Gaby ihm entgegengelaufen. „Hab dich ja 'ne Ewigkeit nicht gesehen. Schau mal, ich bin schon wieder gewachsen“, sagte seine Tochter und lehnte sich mit ihrem Rücken an seine Schulter.

Ihre Unbeschwertheit ließ ihn beinah seinen Frust vergessen und als Gaby und Bettina, seine Frau, nach dem Essen in Plauderstimmung waren, wurde ihm beinah leicht ums Herz.

Gaby sah ihn eine Zeit lang an. „Erzähl mal, Papa, wisst ihr schon wer's ist?“

Weigand schnaubte. „Schön wär's. Bisher gibt es kaum Tatverdächtige. Es ist wirklich außergewöhnlich.

Aber in diesem Maklerbüro biegen sich die Balken vor lauter Lügnern."

„Armer Papa. Hängt's mal wieder mit Geld zusammen oder geht es um Rache?" Gaby machte eine gehässige Grimasse.

„Gar nicht so schlecht, Gaby. Gar nicht so schlecht." Weigand nickte.

18

4. August 2016

Ich lag auf meinem Bett und starrte an die Zimmerdecke. Ich war nicht in der Lage, mich auszuziehen, geschweige denn etwas zu essen oder zu trinken. Was war das für ein schreckliches Tagesende. Wie sollte es nun weitergehen? Vor allem, was redeten die beiden da nur? Wem konnte ich noch glauben? Ich dachte an meine Eltern. Meinen beschaulichen, kleinen Heimatort, in dem nie etwas Aufregendes passierte. Mir war nie bewusst gewesen, wie geborgen ich mich dort gefühlt hatte – im Gegenteil, die Idylle hatte mich gelangweilt, deshalb wollte ich in die Großstadt ziehen. Ich war auf der Suche nach Abenteuern und einem neuen, spannenden Leben gewesen. Und nun? Plötzlich störte mich der Lärm der Stadt, die quietschende Straßenbahn, die just in diesem Moment um die Ecke bog und gespenstische Schatten an die Wand meiner Wohnung warf. Der ständig tosende Autoverkehr, der typisch war und selbst des Nachts kaum abebbte und in dem ich nun zu versinken drohte.

Jeder bekommt, was er sich wünscht und vor allem das, was er verdient, das waren die Worte meines Vaters gewesen. Bei dem Gedanken schauderte ich. Ich sehnte mich zurück in mein altes Leben, wollte so gerne meine Eltern anrufen, doch wenn ich das jetzt tat, dann würden sie sich wohl zu Recht große Sorgen um mich machen. Nein, das durfte ich ihnen keinesfalls antun.

Ihnen, die mich aufgrund ihrer Lebenserfahrung vor all dem gewarnt hatten und mich dennoch hatten ziehen lassen. Nun gut, was sollten sie auch tun? Ich war ja schließlich erwachsen. Ich hatte mich so oft über ihre große Fürsorge geärgert, doch nun stellte ich fest, dass sie wohl berechtigt gewesen war, ich sehnte mich sogar danach. Ich wüsste nicht, wie ich mich verhalten würde, wenn ich Kinder hätte.

Zum Glück hatte Clemens den Termin in Fechenheim abgesagt. Ich wäre weder im Stande gewesen, mit ihm zu fahren, noch hätte ich den Rest des Tages mit Anja verbringen wollen, die mich nun sicher hasste.

Dazu kam, dass ich zutiefst beunruhigt war über das, was Kommissar Weigand gesagt hatte. Denn eines war klar: Niemand verschwand einfach so, ohne Pass oder Personalausweis. Ich musste keine Polizistin sein, um das zu wissen. Ob ihr etwas Schlimmes zugestoßen war? Im Geiste malte ich mir die furchtbarsten Dinge aus. Wo konnte sie sein? Beate war unmittelbar vor dem Main gefunden worden. War Irina am Ende im Main ertrunken oder hatte man sie vielleicht hineingeworfen? Wenn es sich bestätigte, dann wäre es ja durchaus möglich, dass sie demselben Täter zum Opfer gefallen war. Mich überkam eine Gänsehaut und mein Magen zog sich zusammen. Handelte es sich etwa um einen Serienmörder?

Meine Fantasie ging mit mir durch, was reimte ich mir da bloß zusammen? Doch eines stand ja nun einmal fest: Sie war fort und niemand wusste etwas über ihren jetzigen Aufenthaltsort. Und Hesse hatte behauptet, die Ermittlungen würden wieder aufgenommen. Das heißt, sie hatten ja durchaus den begründeten Verdacht, dass ihr etwas zugestoßen sein konnte.

Ich wusste nicht, was schlimmer war: Zu wissen, dass ein Mensch verstorben war oder nicht zu wissen, was mit ihm geschehen war, ob es ihm gutging oder ob er Hilfe brauchte. Wahrscheinlich war es Letzteres. Ja, ich glaube die Sorgen um den Menschen, von dem man nicht weiß, was mit ihm geschehen war, mussten restlos zerstörerisch sein. Warum fand man sie denn nicht? Wozu war die Polizei denn da?

Und zu allem Überfluss stritten Anja und Clemens nun so heftig. Immerhin war unser Geheimnis endlich gelüftet. Jetzt sollte ich nur bei der Polizei klären, warum ich nicht die Wahrheit gesagt hatte, das war wohl meine Pflicht. Ich würde das gleich in den nächsten Tagen tun.

Clemens hatte behauptet, das mit Anja sei vorbei. Wenn man Anja jedoch Glauben schenkte, so hörte sich das ganz anders an. Und warum war sie mir gegenüber plötzlich so argwöhnisch geworden?

Dies war auf Dauer kein geeigneter Arbeitsplatz für mich, das fühlte ich. Wieso musste das ausgerechnet mir passieren, ich wollte doch bloß in die Großstadt. Das hieß doch nicht, dass ich gleich in einen Kriminalfall hineinschlittern musste. Nein, über kurz oder lang musste ich hier weg. Erst einmal würde ich zurückgehen nach Hause, würde in Ruhe darüber nachdenken, wie mein Leben weiter verlaufen sollte. Ich würde zum Ende des Quartals kündigen, so wie es im Vertrag stand. Ich wollte nicht noch mehr Stress haben. Bis zum Ende des Sommers würde ich hier verschwinden.

Das Klingeln meines Handy riss mich aus den Gedanken. Ich stand auf und lief zum Tisch. Es war Clemens. Oh nein, bitte keine Erklärungen, das würde ich heute nicht mehr ertragen. Ich ignorierte das Handy und auch die SMS, die darauf folgte, löschte ich, ohne sie zu lesen.

19

5. August 2016

Viktor erwachte nassgeschwitzt. Was für eine Nacht. Ein Wunder, dass er trotz der Hitze irgendwann eingeschlafen war. Er fühlte sich dennoch wie erschlagen, nur langsam kam er zu sich.

Er dachte an das, was der kommende Tag ihm bringen würde. Es würde wieder langweilig werden, langweilig und frustrierend. So konnte das nicht weitergehen. Gestern Abend hatte er einen besonders schweren Anfall gehabt, er hatte sein Bett frisch beziehen müssen, alles war voller Blut gewesen. Seine Zeit war kostbar. Er konnte sie nicht absitzen bis sein Boss endlich auf die Idee kam, dass er sich wieder nützlich machen sollte.

Das Problem war die unbändige Wut, die in ihm hochstieg; er konnte sie kaum noch unterdrücken. Das war das unbeherrschbare Problem, das er schon immer gehabt hatte und dass ihn hin und wieder gewalttätig werden ließ. Wie oft hatten ihm seine Eltern schon als Kind mit dem Heim gedroht, wenn er durchdrehte.

Klar verehrte er den Boss, aber er ließ sich nicht abschieben, nein, das konnte man mit ihm nicht machen.

„Verhalte dich ruhig, bleib möglichst im Haus, tu nichts Unüberlegtes, lauf mir nicht dauernd über den Weg."

Er hasste diese Maßregelungen, er war schließlich erwachsen. Und wenn nicht bald etwas geschah, würde er sich etwas einfallen lassen müssen.

Viktor streckte sich und gähnte. Dann stand er auf und nahm sich eine Zigarette aus dem Päckchen, das auf seinem Nachttisch lag. Wo waren bloß wieder die scheiß Streichhölzer? Er sah sich um und entdeckte sie auf dem Tisch, neben seinem Laptop. Mist, er hatte gestern vergessen, das Gerät auszumachen, der Akku war fast leer. Gerade wollte er den Laptop herunterfahren, da entdeckte er die Nachricht. Das war also das Geräusch, das ihn geweckt hatte. Er hatte wirklich einen leichten Schlaf. Schnell holte er das Ladekabel und steckte es ein.

Es hat sich spontan etwas ergeben, Viktor. Halte dich bereit, las er. **Ich werde dir den genauen Zeitpunkt demnächst mitteilen, Countdown läuft. Wir sehen uns morgen am gewohnten Ort, um fünf Uhr nachmittags, dann erfährst du alles Weitere. Mach dir einen schönen Tag.**

„Na also", murmelte Viktor, „geht doch." Er würde alles geben. Alles!

Für Sie tue ich alles, Danke für Ihr Vertrauen, schrieb er.

Bis morgen Viktor, kam die Antwort.

Der Tag und das Leben hatten soeben wieder einen Sinn bekommen, er hätte vor Freude in die Luft springen können. Er war der Größte, er war der Mann, den man brauchte, wenn es brenzlig wurde.

20

6. August 2016

Weigand starrte auf den Computer. „Der Vermieter will die Wohnung frei kriegen", sagte er.

Hesse schaute zu ihm herüber. „Ich kann dir momentan nicht ganz folgen."

„Na die Eltern von der Kowalski wollen die Miete nicht mehr zahlen." Er griff nach einer Zigarette und entzündete sie. „Sie waren letzte Woche dort, nachdem sie hier auf dem Revier gewesen sind, haben all ihre persönliche Habe mitgenommen und möchten die Wohnung nun endlich loswerden."

Hesse stützte den Kopf in seine Hände. „Eigentlich schrecklich, findest du nicht? Wenn ich mein Kind vermissen würde, wäre es das Letzte, was ich täte. Immerhin hat doch jeder die Hoffnung, dass sie wieder auftaucht. Selbst wenn, wie sie gesagt haben, Irina kaum Kontakt zu ihnen hatte, zumindest im letzten Jahr. Es ist, als ob sie selbst nicht mehr daran glauben, dass sie lebt. Was sagst du dazu, du bist doch selber Vater."

„Allein der Gedanke, dass meinem Kind etwas zustoßen könnte, würde mich verrückt machen. Lieber soll sie den ganzen Tag an mir herummeckern. Ich liebe meckernde Kinder, und du hast vollkommen recht. Wir dürfen aber nicht vergessen, dass Herr Kowalski sehr arm ist und kaum für sein eigenes Leben aufkommen kann. Muss man irgendwie auch verstehen, er hat zudem auch noch minderjährige Kinder, die er unterstützen muss. Rücklagen hat er auch nicht, wie sollte er da wohl einen Kredit aufnehmen können, selbst wenn er das wollte? Ich war übrigens spontan nochmal drin gestern – ich meine, in der Wohnung."

Hesse sah ihn verwundert an. „Wieso hast du nichts gesagt? Ich dachte, wir hängen gemeinsam in dem Fall."

„Tun wir auch, aber ich hatte da noch so eine Idee. Und bevor der Rest nun auch noch verschwindet." Er zog einen Zettel aus der Schreibtischschublade. „Sieh dir das an. Habe ich in einem ihrer Exposés gefunden. Haben wir völlig übersehen."

Hesse nahm den Zettel: **Lass uns von hier verschwinden, Schatz, zusammen. C. R.**

Hesse sah auf. „Ist ja interessant. Glaubst du, der ist von Richter?"

„Wäre zumindest nicht undenkbar."

„Merkwürdig, dass er ihn nicht mit der Hand geschrieben hat."

„Ich denke nicht, dass das merkwürdig ist. Ich halte ihn eher für clever. Wer kann ihm schon nachweisen, dass er das geschrieben hat? Aber wenn er es war, dann bedeutet das immerhin, dass er mit ihr ein Verhältnis hatte, so wie mit dieser Steinmetz. Hast du meine Kippen gesehen?"

„Vor deiner Nase."

„Schon auf Fingerabdrücke untersucht?"

„Da sind nur meine dran."

„Quatsch, ich mein doch nicht die Kippen!"

„War'n Scherz. Ja, da finden sich mehrere, aber nicht die von dem Richter. Nehme an, die sind von der Kowalski. Allerdings gibt es da noch zwei weitere Fingerabdrücke, die nicht mit den anderen identisch sind."

„Ein Ding, dass wir den Wisch übersehen haben."

Weigand nickte. „Bestell mir die Malmann her. Mal sehen, was die uns zu sagen hat."

„Wird erledigt, Chef."

* * *

Lutz Weigand saß schweigsam am Esstisch und starrte ins Leere.

„Na toll, Papa, ich glaube du bist der einzige Vater, der gar nicht mal registriert, dass er eine Tochter hat. Konnte ich dir neulich etwa nicht weiterhelfen?"

Bettina Weigand lachte. „Gaby, du kennst ihn doch, wenn er mitten in einem Fall steckt."

„Dann raucht er entweder oder er schweigt, na, eigentlich macht er meistens beides", beendete Gaby den Satz. „Gestern fragte mich Jana", sie stupste ihren Vater an. „Gestern fragte mich Jana, wie es so ist, wenn man einen Papa hat, der bei der Kripo ist. Die denken wahrscheinlich alle, das ist wie im Film, immer aufregend und so. Was sollte ich darauf sagen, hä?"

Weigand sah seine Tochter an und grinste. „Na, komm schon, dir fällt doch immer was Passendes ein, kenne dich doch."

Gaby grinste. „Ich sagte: Wenn er einen Fall aufgeklärt hat, dann ist er sehr redselig, deshalb schweigt er meistens."

Nun musste Weigand herzhaft lachen.

Bettina schüttelte den Kopf. „Deine Freundinnen kriegen aber ein ganz falsches Bild von deinem Vater."

„Ach Quatsch, die kennen mich doch. Habt ihr Lust auf 'ne Runde Skat? Damit hab ich dich doch schon immer aus der Reserve gelockt, oder Papa?"

„Gute Idee, vielleicht sollte ich ja mit meinen Verdächtigen auch mal Skat spielen."

„Klar Papa, derjenige der am besten spielt, ist sicher der Mörder."

„Manchmal spielen mehrere gut", sagte Weigand, während er die Karten mischte.

„Oje, gibt's bei deinem Fall mehrere Täter?"

21

6. August 2016

Viktor saß in der Holzbaracke auf dem Cassella Gelände. Hier verabredeten sie sich immer, wenn es etwas Wichtiges und vor allem Geheimes zu besprechen gab. Er sah auf die Uhr, sein Boss war schon eine Viertelstunde überfällig. Er zog das Handy aus der Hosentasche und sah auf das Display. Da tippte ihn auf einmal eine Hand von hinten an. Er fuhr erschrocken herum.

„Na, na, na, immer mit der Ruhe. Ich sagte doch, du sollst mich nicht anrufen."

„Wollte ich auch nicht, ich dachte nur, Sie hätten mir eine Nachricht hinterlassen, Chef."

„Wenn ich sage, ich komme, dann komme ich auch. Das weißt du doch mittlerweile hoffentlich."

Viktor nickte. „Wann soll es denn losgehen?"

„Gegen Ende August. Genaueres sage ich dir kurzfristig. Es geht um Marlene Kern, du hast sie ja genau studieren können, nehme ich an."

Viktor lachte. „Deswegen sollte ich sie bei den Besichtigungen also treffen?"

„Klar, ich musste doch sichergehen, dass du sie erkennst. Wäre ja schlimm, wenn es die Falsche erwischt, nicht?"

Viktor brummte zustimmend. „Danke für Ihr Vertrauen, Chef. Ich gebe mein Bestes, aber das wissen Sie ja."

„Würde ich daran zweifeln, hätte ich mir längst einen anderen gesucht, mach dir da mal keine Sorgen. Du kennst die Bar am Main? Wir haben bereits einmal darüber gesprochen."

Viktor nickte.

„Sie wird im Messenger von ‚Anja Malmann' angeschrieben werden, du wirst dir dann was Nettes einfallen lassen. Hast du eigentlich dein Handy ausgeschaltet?"

„Nein, warum?"

„Ich möchte nicht, dass es jemand abhört oder dass uns jemand hier orten kann."

Viktor schaltete augenblicklich sein Gerät aus. „Niemand weiß, dass wir privat in Verbindung stehen, Chef."

„Man kann nicht vorsichtig genug sein, wie oft soll ich das noch predigen? Hier ist ein Schlafmittel, dass du in ihr Getränk kippen wirst, ist von Tobias und sollte wirken."

Viktor nahm ein Briefchen mit Pulver entgegen.

„Wichtig ist, dass du sie rechtzeitig aus dem Lokal bugsierst, bevor sie umfällt. Das überlasse ich deinem Geschick, so wie beim letzten Mal. Du bringst sie bis an den Eingang des Parkhauses am Theater. Sie wird bis dahin in einem Zustand sein, in dem sie sich bequem führen lässt. Ihr werdet aussehen wie ein Liebespärchen, und wenn man dich anspricht, hat deine Verlobte einfach zu viel getrunken, verstanden?"

„Kein Problem, Chef."

„Gut. Es wird Ende August so gegen halb neun dunkel. Du zögerst es so hinaus, dass es möglichst finster ist. Tobias wird gleich neben dem Parkhaus am Theater mit seinem Kombi auf dich warten. Er hilft dir, sie einzuladen und wird ihr dann eine Injektion Propofol verabreichen. Ich nehme an, das ist dir recht."

„Ja, sehr recht. Bin froh, dass ich kein Sanitäter bin, das ist das Einzige, was ich mir nicht zutraue." Viktor sah auf das Briefchen in seiner Hand. „Werden wir sie herbringen?" Er zeigte auf das leerstehende Gebäude gegenüber.

„Wohin denn sonst?"

„Und was ist mit der Leiche?"

„Da du sie immer noch nicht weggeschafft hast, wird sie da bleiben müssen. Ist vielleicht ganz gut so, Marlene wird verrückt werden, wenn sie die Leiche entdeckt."

„Bin froh, dass sie bleiben darf. Hab neulich mal reingesehen. Ist 'ne ziemliche Sauerei und stinkt erbärmlich. Aber irgendwann könnte man da ja mal ein bisschen Säure beifügen." Viktor sah den Chef herausfordernd an.

„Erspare mir die Details, du hast sie auf dem Gewissen. Wenn man die findet, werde ich dafür sorgen, dass du dran bist, das sagte ich dir ja bereits!"

Viktor hob beschwichtigend die Hand. Ein Hustenanfall ließ sich nicht mehr unterdrücken. Er brauchte ein paar Minuten, bis er wieder zu Atem kam.

„Wusste ja gar nicht, dass es schon so schlimm um dich steht. Bleib mir ja noch eine Weile fit! Wenn du das gut machst, besorge ich dir einen Arzt."

„Würden Sie das wirklich tun? Ich wusste ja, warum ich Ihnen zu Dank verpflichtet bin!", sagte Viktor, während er sich das Blut vom Mund wischte.

„Komm mir mit deinen schmutzigen Sachen ja nicht zu nah."

Viktor ging einen Schritt zurück. „Klar, Chef."

„Geh jetzt nach Hause und ruh dich aus. Lass dich bloß nicht allzu oft blicken. Würde noch fehlen, dass die Polizei auf dich aufmerksam wird. Hier, soll ich dir von Tobias geben."

Viktor nahm eine Packung Schmerztabletten entgegen.

„Danke, Chef."

„Ich melde mich."

Dann war Viktor allein.

22

7. August 2016

„Sehr nett, dass Sie es einrichten konnten, Frau Malmann. Unter sechs Augen“, Weigand machte eine Kopfbewegung zu seinem Kollegen, „spricht es sich doch besser, in diesem Fall.“

„Was immer ich zur Aufklärung beitragen kann, ich will es gerne tun.“

Weigand nickte. „Stört es Sie, wenn ich rauche?“, fragte er, wartete jedoch ihre Antwort nicht ab. Dann zog er seine Schreibtischschublade auf und nahm den Zettel heraus, den er bereits Hesse gezeigt hatte. „Würden Sie sich das bitte anschauen, Frau Malmann? Haben Sie eine Idee, wer das geschrieben haben könnte?“

Anja sah auf den Zettel und schüttelte entrüstet den Kopf. „Das ist ja wohl ... das ist ja wirklich ein Ding! Wo haben Sie den denn gefunden?“

„In Frau Kowalskis Schreibtisch.“

„Typisch für ihn! Ich meine, dass er einfach seine Finger nicht von den Mädels lassen kann.“

„Könnten Sie sich freundlicherweise etwas deutlicher ausdrücken? Wen meinen Sie mit er?“

„Na, Clemens Richter oder für was soll C. R. sonst stehen?“

„Oh, da gäbe es schon allerhand Möglichkeiten. Sagen Sie uns nur, ob es möglich wäre, dass er eine solche Nachricht geschrieben haben könnte und mit C. R. unterschreibt?“

Anja nickte sofort. „Ja, so unterzeichnet er oft. Ich meine, nicht unbedingt maschinell, nein. Er unterzeichnet normalerweise mit der Hand, schreibt aber oft nur seine Initialen. Und wenn er etwas zu verbergen hatte, dann wäre es doch ganz klar, dass er nicht selbst unterschreibt, nicht wahr?"

„Das ist jetzt allerdings reine Mutmaßung, Frau Malmann. Was wir wissen wollen ist nur, ob Ihrer Meinung nach die Möglichkeit besteht, dass er sowas schreiben könnte."

Anjas Blick schweifte durch den Raum, während sie nach den passenden Worten suchte. „Wissen Sie, Herr Kommissar, mir wird und wurde von Clemens Richter immer extreme Eifersucht unterstellt, dabei habe ich genügend Beweise dafür, dass er nie in der Lage war, treu zu sein. Das Schreiben ist doch der beste Beweis dafür. Denken Sie nicht?" Sie wischte sich ein paar Tränen aus dem Gesicht. „Es tut mir so weh, glauben Sie mir, ich wünschte, ich wäre im Unrecht."

Weigand nickte verständnisvoll. „Das beantwortet aber leider noch nicht die Frage, ob Sie ihm zutrauen, dass er einen solchen Text aufsetzen könnte."

„Klar traue ich ihm das zu." Sie stockte. „Ich traue ihm mittlerweile sogar noch viel mehr zu."

Hesse horchte auf. „Darf ich fragen, wie Sie das meinen?"

Anja winkte ab. „Ach, das habe ich nur so dahingesagt, entschuldigen Sie bitte, ist nur meine Enttäuschung und hat keinerlei Bewandtnis."

Sie sah, wie Weigand in sein Notizbuch schrieb. Schließlich stand er auf und ging auf Anja zu. „Frau Malmann, dürfen wir auch weiterhin auf ihre Kooperation hoffen? Uns wäre wirklich sehr damit geholfen.

Es wird Zeit, dass wir Frau Kowalski finden und den Mord an Beate Steinmetz endlich aufklären können."

Auch Anja war aufgestanden und reichte Weigand die Hand. „Das verspreche ich Ihnen, Herr Weigand. Mir ist sehr daran gelegen, dass man dem Verbrecher, ich denke, er muss wahnsinnig sein, endlich das Handwerk legt. Ich melde mich bei Ihnen, wenn mir irgendetwas auffällt."

23

8. August 2016

Nach einer beinahe schlaflosen Nacht hatte ich eine Entscheidung gefällt. Ich wählte die Nummer des Büros. Clemens nahm bereits nach dem zweiten Klingeln ab.

„Marlene", sagte er sofort, ohne abzuwarten, was ich zu sagen hatte. „Warum bist du gestern nicht ans Telefon gegangen oder hast wenigstens auf meine SMS reagiert? Es ist wichtig, dass wir reden, ich möchte nicht, dass du falsche Schlüsse ziehst. Anja –"

„Sollten wir nicht lieber unter vier Augen darüber reden, Clemens?", unterbrach ich ihn. „Es ist doch alles kompliziert genug, und du schürst nur weiteres Feuer, wenn du nun vom Büro aus mit mir sprichst, sie kann doch mithören."

„Ich bin allein. Anja ist den ganzen Tag nicht im Haus, hat mehrere Termine, und Tobias ist auch nicht da. Wann kommst du, damit wir reden können?"

„Ich gehe zuerst zur Polizei. Danach komme ich gleich ins Büro. Es wird nicht lange dauern, nehme ich an."

„Was tust du?"

„Ich gehe zu Kommissar Weigand. Ich möchte erklären, warum ich nicht gesagt habe, dass ich dich schon kannte. Bitte, das ist doch nichts Schlimmes, ich meine was ändert das schon? Aber ich, ich hätte dann ein reines Gewissen, kannst du das verstehen? Anja weiß es doch jetzt sowieso. Und sie war doch der Grund dafür, dass wir geschwiegen haben, nicht wahr? Versteh das bitte, ich möchte nicht in ein Verbrechen mit hineingezogen werden."

Eine Weile war es still in der Leitung.

„Bist du noch dran?"

„Ja, ja Marlene, ich bin noch dran. Ich muss nur sagen, dass ich das nicht ganz verstehe, denn wie du selbst sagtest, es ändert doch nichts für dich. Allerdings ändert es einiges für mich. Du machst mich damit noch unglaubwürdiger als ich es ohne das dämliche Alibi ohnehin schon bin."

* * *

Es war bereits zehn Uhr, als mich Hesse hereinrief. Weigand saß an seinem Schreibtisch und putzte seine Brille. Hesse bat mich, ihm gegenüber Platz zu nehmen.

„Wissen Sie, Frau Kern, ich bin Ihnen sehr dankbar dafür, dass Sie zu uns gekommen sind. Nicht nur, dass Sie Ihr Gewissen erleichtert haben, ich wollte mich sowieso mit Ihnen unterhalten. Frau Malmann war bereits gestern hier."

„Ach ja?", fragte ich erstaunt. „Sie hat gar nichts davon gesagt."

„Das ist vielleicht nicht ganz verkehrt", sagte Weigand. „War ja schon genug Aufregung in letzter Zeit. Übrigens, Vorwürfe mache ich Ihnen keine, wenngleich Sie, na ja, nicht ganz ehrlich waren. Doch ich gehe davon aus, dass Sie sich der Tragweite ihrer kleinen Lüge nicht bewusst waren."

„Da hat der gute Herr Richter uns ja ganz schön an der Nase herumgeführt", meinte Hesse. „Bei Frau Malmann behauptet er, er sei in Amerika, dann will er Sie nicht gekannt haben – ich bin wirklich gespannt, was da noch alles rauskommt."

„Ich glaube, ich sollte an dieser Stelle klären, dass er zum einen Frau Malmann schonen wollte, da sie zur Eifersucht neigt, und zum anderen auch mich. Sicher hätte es das Arbeitsklima unnötigerweise belastet. Und wozu das alles? Bloß, weil wir uns ein paar Mal unterhalten haben? Nein, ich kann ihn gut verstehen."

„Lassen Sie uns noch einmal darüber reden", sagte Weigand, dann sah er zu Hesse. „Kannst du mal das Fenster öffnen? Hier ist ja eine scheußliche Luft drin."

„Ach was?" Hesse stand kopfschüttelnd auf und lief zum Fenster.

„Frau Kern, Sie sagten, Sie haben ihn ein paar Mal getroffen. Welchen Eindruck hat er da auf Sie gemacht? Ich meine, hatten Sie den Eindruck, dass man ihm vertrauen kann? Ich denke, gerade als Frau hat man doch vielleicht eine gewisse Intuition Menschen und insbesondere vielleicht sogar Männer betreffend." Er beugte sich vertraulich nach vorne und zwinkerte. „Ich weiß wovon ich rede, habe selber zwei Frauen zuhause."

Marlene entspannte sich etwas und überlegte, doch dann wurde ihr Blick wieder ernst. „Das hört sich so an, als ob Sie ihm ganz und gar nicht über den Weg trauen. Ist er denn wirklich so verdächtig? Ich kann das nicht glauben, Herr Kommissar. Ich mag ihn, das kann ich wirklich nicht anders sagen. Er war nett und anständig zu mir und ich glaube nicht, dass er mich belogen hat. Wirklich nicht! Wenn Anja, äh, Frau Malmann, nicht so eifersüchtig wäre und mit einer neuen Beziehung – ich meine, wenn er sie denn eingehen würde – bei ihm Schwierigkeiten gehabt hätte, wer weiß, vielleicht wäre daraus mehr entstanden." Das auszusprechen machte mich traurig. Ich musste kurz innehalten, denn plötzlich hatte ich einen Kloß im Hals. „Ich bin nicht sicher, ob ich mir das vielleicht sogar gewünscht habe", fügte ich leise hinzu.

„Ist auch verständlich. Er sieht ja gut aus und ist durchaus nicht unsympathisch, und Sie sind Single, da ist es doch ganz verständlich, wenn man sich einen Partner wünscht." Weigand konzentrierte sich auf eine Zigarette, die er zwischen seinen Fingern hin und herschob. „Ich will nicht sagen, dass er wirklich so verdächtig ist – ich benutze jetzt Ihre Worte, Frau Kern – doch kann ich ihn leider auch noch nicht von der Liste der Verdächtigen streichen, verstehen Sie? Was natürlich nicht heißt, dass er nicht auch völlig unschuldig sein könnte."

Ich nickte. „Davon bin ich überzeugt." Ich sah auf meine Uhr. „Wenn es Ihnen recht ist, würde ich jetzt gerne gehen, ich muss nun wirklich zur Arbeit."

„Natürlich, ist ja erst einmal alles geklärt. Lassen Sie mich Ihnen noch eines mit auf den Weg geben: Passen Sie gut auf sich auf und, ach ja", er nahm eine Visitenkarte aus der Schreibtischschublade und gab sie mir, „da können sie mich jederzeit erreichen. Wenn es sein muss auch nachts, bitte machen Sie Gebrauch davon."

„Vielen Dank, Herr Kommissar." Ich reichte ihm und Hesse die Hand und ging hinaus.

24

Gefangen

Wieder einmal fror ich schrecklich, als ich erwachte, und mein Magen knurrte. Ich lag zusammengekrümmt auf dem harten Boden und meine Knochen schmerzten heftig. Ich richtete mich auf und lehnte mich gegen die Wand.

Wie lange mochte ich hier schon gefangen sein? Ich hatte jegliches Zeitgefühl verloren. Es konnten zwei Tage sein, vielleicht aber auch mehr. Wobei ich das nicht glaubte, denn ich wusste, dass das Hungergefühl nach ein paar Tagen nachließ, sogar verschwand. Auch war ich noch nicht schwach genug, um Angst zu haben, verhungern zu müssen. Wie lange konnte man ohne Essen auskommen? Mindestens eine Woche, wenn nicht länger. Wichtig war, dass ich trank. Ich hatte mittlerweile die Angst vor der Dunkelheit verloren. Sie war zu meinem ständigen Begleiter geworden. Dafür war mein Hörvermögen deutlich geschärft. Ich konnte mir jetzt vorstellen, wie es sich anfühlte, blind zu sein. Ich kannte mich in meinem Gefängnis nun schon ein wenig aus. Wusste, wie viele Schritte es von der Wand bis zu den Fässern waren.

Gerade wollte ich mir etwas zu trinken holen, da hörte ich es wieder: Kurz, kurz, kurz, lang, lang, lang, kurz, kurz, kurz. Ich hatte es mir nicht eingebildet. Jemand machte Morsezeichen. Es war definitiv das Zeichen für SOS.

„Ich bin hier!“, schrie ich. „Hier!“

Nun kam das Zeichen sofort: Kurz, kurz, kurz, lang, lang, lang, kurz, kurz, kurz.

„Hört mich jemand?“

Wieder das Zeichen. Ich schien gehört worden zu sein. Mein Gott, welch ein Glück, ich war nicht allein! Ich war nicht allein. Ich war überglücklich. Vielleicht würde doch noch alles gut werden.

25

8. August 2016

„Schön, dass du endlich da bist", begrüßte mich Clemens. Er wirkte müde und abgearbeitet und irgendwie um Jahre gealtert. Die Falte, die ich neulich bemerkt hatte, als er wütend geworden war, hatte sich tief in seine Stirn eingegraben und schien sich nicht mehr entspannen zu wollen.

„Ganz im Ernst, Marlene, ich will dir natürlich keine Vorwürfe machen, das steht mir ja auch gar nicht zu. Ich habe lange darüber nachgedacht, es wäre dennoch schön, wenn hier bald wieder ein wenig Ruhe einkehrt. Ich habe hier ein Geschäft zu führen, das gerade aus dem Ruder zu laufen droht." Er blickte auf. „Hast du wenigstens dein Gewissen erleichtern können?"

Ich nickte und fühlte mich schlecht. „Ich habe Kommissar Weigand aber klar gemacht, dass du mir bloß aus diplomatischen Gründen dazu rietest, nichts zu sagen." Ich hielt kurz inne, dann fuhr ich fort: „Und ich sagte ihm, dass ich dir vertraue und mir nicht im Geringsten vorstellen könnte, dass du in der Lage zu einer kriminellen Tat sein würdest."

Clemens lachte traurig und sah mich an. „Denkst du das wirklich? Wie lieb von dir. Aber ob das für ihn von Interesse ist, wage ich zu bezweifeln. Ich bin jetzt schon gespannt darauf, wann sie mich das nächste Mal beehren. Vielleicht kommen sie ja bald mit einem Haftbefehl, mich würde gar nichts mehr wundern."

Ich wusste nicht recht, was ich darauf antworten sollte, denn ich hatte selbst keine Ahnung mehr, was ich glauben sollte. Ich wollte einfach nur, dass Ruhe einkehrte und dass man mich aus der ganzen Geschichte heraushielt. Es gab da nämlich auch für mich ein paar Ungereimtheiten, mit denen ich nicht umgehen konnte. Wieso erzählte Clemens, er hätte noch nie etwas von Niklas Wenz gehört, obwohl Anja doch wirklich glaubhaft das Gegenteil behauptete? Was hatte er davon, auf seinem Standpunkt zu beharren? Und dann die Sache mit Anja und ihm. Ich blickte da einfach nicht durch. Was verband sie noch, waren sie immer noch ein Paar oder war es so, wie Clemens versicherte?

Ich ging zum Kaffeeautomaten und zog mir einen Espresso. Ich brauchte dringend einen Energieschub.

Clemens schien immer noch darauf zu warten, dass ich noch etwas sagte, denn er beobachtete mich.

„Lass uns jetzt auf die Arbeit konzentrieren, Clemens." Ich sah auf den Berg von Exposés, der sich auf meinem Schreibtisch türmte. „Ich sollte versuchen, diesen Stapel hier abzuarbeiten."

26

15. August 2016

Es war wie ein Befreiungsschlag, was in den letzten Tagen geschehen war. Ein jeder von uns hatte sich um Ruhe und Frieden bemüht. Wir alle hatten in stiller Übereinkunft das Thema vermieden, das uns die ganze Zeit so sehr zu schaffen gemacht hatte. Ich schien alles richtig gemacht zu haben. Zwar legte Anja ganz offensichtlich keinen Wert mehr auf unsere netten privaten Treffen, doch behandelte sie mich freundlich und respektvoll. Ich hatte ein paar schöne Wohnungsbesichtigungen, die ich nonchalant zum Erfolg führte, was immens wichtig für mein angeschlagenes Selbstwertgefühl war. Stück für Stück war eine Art Alltag und Selbstverständnis in das Arbeitsleben und unser aller Nervenkostüme zurückgekehrt.

An diesem Nachmittag saß ich mit Tobias allein im Büro. Clemens hatte einen Besichtigungstermin in Bad Homburg und Anja war weiß Gott wo. Da klingelte das Telefon.

„Richter Immobilien", meldete sich Tobias, „was kann ich für Sie tun? Nicht beim Termin erschienen? Das ist ja merkwürdig … Schon vor zwei Stunden? Ich kann es Ihnen im Moment leider auch nicht sagen, aber ich verbinde Sie gerne mit meiner Kollegin Frau Kern, bitte bleiben Sie in der Leitung." Tobias drückte auf den Verbindungsknopf und auf meinem Schreibtisch klingelte es. Ich sah ihn fragend an.

„Ein Herr Niklas Wenz, hatte wohl einen Termin mit Anja, doch die ist nicht erschienen."

„Auch das noch", stöhnte ich und nahm ab. „Hallo Herr Wenz."

„Ich freue mich, Ihre schöne Stimme zu hören, verehrte Frau Kern."

Er machte sich lustig über mich.

„Was kann ich für Sie tun, Herr Wenz?"

„So gern ich es hätte, wenn Sie bei mir etwas tun, ich vermisse Frau Malmann. Wir hatten einen Besichtigungstermin, Frau Kern, wo bleibt sie denn?"

Ich schaute auf die Uhr, es war drei. Ich hielt den Hörer mit der Hand zu. „Weißt du, wann Anja wieder hier sein wollte?"

Tobias schaute mich an. „Ich glaube, so gegen sechzehn Uhr."

„Komisch", antwortete ich, „passt gar nicht zu ihr, dass sie sich verspätet."

„Soll ich Clemens anrufen?", fragte Tobias.

„Lass gut sein."

Ich nahm den Hörer wieder ans Ohr. „Herr Wenz, ich weiß leider nicht genau, wann sie wiederkommt, ich werde ihr aber sagen, dass sie Sie umgehend anrufen soll, wäre das in Ordnung?"

„Über Ordnung brauchen wir in Ihrem Saftladen ja wohl nicht mehr zu reden. Sagen Sie Ihrem Chef, er soll besser auf seine Mitarbeiter aufpassen."

„Um welche Wohnung ging es denn, vielleicht könnte ich …", doch er hatte bereits aufgelegt.

„Schräger Vogel, was?"

„Kann man wohl sagen."

„Angst vor ihm?", fragte Tobias lächelnd.

Ich blickte ihn verwirrt an. „Wie kommst du denn darauf?“

„Ich dachte nur so.“

Ich suchte mit zittrigen Fingern Anjas Nummer in meinem Handy, während ich über die Worte meines Kollegen nachdachte. Was sollte das bloß? Ich klickte auf ‚anrufen‘, doch ging bereits beim ersten Rufton die Mailbox an.

„Merkwürdig, ist gar nicht ihre Art, das Handy auszuschalten.“

Ich versuchte es bei Clemens, der meldete sich nach dem dritten Klingeln: „Hallo?“

„Hier ist Marlene, ich kann Anja nicht erreichen, außerdem hat sie einen Termin verpasst. Weißt du, wo sie ist?“

„Woher soll ich das wissen? Ruf sie doch an“, gab Clemens mürrisch zurück, „ich habe selber zu tun.“

„Das Handy ist ausgeschaltet, deshalb dachte ich ...“

„Marlene, ich weiß nicht, was du dachtest. Ich weiß nur, dass ich keine Ahnung habe, wo sie sich rumtreibt, verdammt nochmal!“, unterbrach er mich gereizt. „Wir sehen uns morgen, ich werde es heute nicht mehr ins Büro schaffen, bis dann.“

„Auch kein Glück gehabt?“, fragte Tobias, der mich von seinem Schreibtisch aus beobachtet hatte.

Ich hob die Schultern. „Keine Ahnung, was heute mit den Leuten los ist. Vielleicht liegt es ja am Wetter.“ Ich sah hinaus, es war ein wunderschöner Spätsommertag.

„Ein bisschen wundert es mich schon. Clemens hatte einen Termin auf dem Riedberg, wollte aber auch spätestens heute Nachmittag nochmal reinschauen und mit mir ein paar Termine durchsprechen“, meinte Tobias.

„Man scheint uns zu vertrauen." Ich schmunzelte. „Wie auch immer, die Hauptsache ist, dass Anja zum nächsten Termin mit dem Wenz wieder da ist."

„Aha, ertappt, also doch Angst vor ihm." Plötzlich schlug er sich gegen die Stirn. „Ach, da fällt mir ein: Clemens hat gestern mit diesem Wenz telefoniert."

Ich war verdutzt. „Ich dachte, sie kennen sich nicht?"

„Keine Ahnung, er sagte nur, dass er jetzt vielleicht eine passende Immobilie für ihn bereitliegen hätte und dass Anja sich darum kümmern werde."

* * *

Ich war kaum in meiner Wohnung angekommen, müde und verschwitzt von dem warmen Sommertag, da klingelte mein Handy. Es war Clemens. Ich hatte gar keine Lust mit ihm zu sprechen, andererseits wollte ich dringend wissen, was mit Anja los war.

„Hallo", meldete ich mich.

„Hallo Marlene, entschuldige meinen unfreundlichen Ton vorhin, aber ich war in einer Besprechung mit einem Kunden. Wie war dein Tag?"

„Wie mein Tag war? Was soll die Frage? Du warst nicht da, Anja war nicht da und dann ruft da noch dieser Verrückte an, von dem du sagtest, du kennst ihn nicht. Ich hab diese ganze Heimlichtuerei satt! Ich weiß wirklich nicht, wie lange ich da noch mitmachen kann."

„Kannst du dich mal bitte etwas klarer ausdrücken? Welcher Verrückte, und wieso war Anja nicht da?"

„Na dieser Wenz, ich hab' dir doch erzählt, dass er ständig nervt. Er lässt sich Wohnungen zeigen und ich behaupte mal, er hat nicht das geringste Interesse daran, sie auch zu mieten. Er will bloß schikanieren und außerdem ist er ein Stalker, wenn du mich fragst. Und dann, dann sagt mir Tobias ganz nebenbei, dass ihr gestern miteinander telefoniert habt."

Clemens antwortete nicht.

„Clemens, bist du noch da?"

„Wie ich schon sagte, wir haben eine Menge Kunden. Und ja, ich gebe zu, der Wenz war mir kein Begriff. Liegt wohl wirklich daran, dass Anja ihn mir vom Hals gehalten hat. Ich wollte dich gewiss nicht hinters Licht führen, das solltest du mir glauben. Stimmt, ich habe wohl gestern mit ihm gesprochen, das war mir einfach entfallen. Und jetzt sag schon, was war nun mit Anja?"

„Ich weiß es nicht, du bist der Chef und solltest wissen, wo sich deine Angestellten aufhalten. Ach was, entschuldige, sie ist ja deine Partnerin. Wahrscheinlich bekommt sie da eine Sonderbehandlung. Und um meine Probleme kümmerst du dich nicht, ist ja auch nicht wichtig." Ich bereute meinen flapsigen Ton sogleich, aber gesagt war gesagt.

„Ich weiß zwar nicht, was dir für eine Laus über die Leber gelaufen ist, aber lassen wir das einmal dahingestellt. Ich sagte doch, du sollst sie anrufen."

„Das habe ich gemacht, Clemens, sogar mehrfach, doch ihr Handy war und ist ausgeschaltet."

Eine Weile war es still, dann sagte er: „Und ich dachte, sie wäre mal wieder sauer auf mich. Sie ist so komisch seit sie bei Weigand war."

„Ich weiß, dass sie da war, Weigand hat es mir gesagt."

„Was ihr alles von diesem Weigand erfahrt ... Marlene, bitte lass uns treffen, ich muss einiges unter vier

Augen mit dir besprechen. Das hat alles keinen Sinn am Telefon. Lass uns in einer halben Stunde am Schweizer Platz treffen, bitte."

27

Gefangen

Ich hörte Geräusche, Schritte. Er kam zurück! Ich legte mich so auf den Boden, als schliefe ich. *Mach ihm was vor, Marlene, gib ihm das, was er will.*

Der Riegel wurde zurückgeschoben. Das Licht der Taschenlampe schien mir direkt ins Gesicht und blendete mich. Ich versuchte entspannt zu wirken und gab weiterhin vor zu schlafen. Ich wusste nicht recht, ob mir das gelang, denn ich war kein Licht mehr gewöhnt und die Helligkeit tat mir trotz meiner geschlossenen Augen weh.

„Du bist wach, Marlene?" Die widerliche Flüsterstimme lachte gespenstisch.

Ich öffnete bemüht müde die Augen. Ganz leise sagte ich: „Was wollen Sie, lassen Sie mich doch einfach in Ruhe sterben."

„Was ist das hier für ein entsetzlicher Gestank? Schäm dich, Marlene. Klar lasse ich dich bald in aller Ruhe sterben, keine Sorge, du hast es bald hinter dir. Nicht mehr lange. Bald, Marlene, bald." Wieder dieses unheimliche Lachen. „Ich sehe morgen wieder nach dir. Schlaf gut, Marlene." Er ging hinaus und schob den Riegel wieder vor.

Als ich mir sicher war, dass er fort war, richtete ich mich auf. Er hatte mich auf eine Idee gebracht. Ich ging zu dem Fass und schob den Deckel mit einiger Anstrengung zur Seite. Erst schöpfte ich ein wenig Wasser. Ich hatte das jetzt ganz gut im Griff. Ich hielt die Luft an, bis das Wasser meine Kehle hinunterlief. Dann schluckte ich noch ein paar Mal, das minderte den Brechreiz ein wenig. Danach kroch ich zum Fäkalieneimer. Ich trug ihn zum Fass, schöpfte einige Hände voll Wasser in den Eimer. Er sollte möglichst voll werden. Ich lauschte angestrengt. Da ich nichts hörte, schleifte ich den Eimer schließlich neben die Tür. Ich war extrem erschöpft von der Anstrengung und setzte mich. Ich musste mich entscheiden, was ich nun tun wollte. Ich wusste, ich musste alles auf eine Karte setzen und dazu blieb mir nur verdammt wenig Zeit. Doch es blieb mir nichts anderes übrig. Wenn ich nicht endlich handelte, würde ich sterben.

28

18. August 2016

„Danke, dass du gekommen bist." Clemens wollte mich umarmen, doch ich entwand mich ihm.

„Clemens, was war so wichtig, dass du mit mir nicht am Telefon darüber sprechen konntest?"

Er nahm meine Hand und zog mich hinter sich her. Es gab einen kleinen Italiener gleich neben dem Schweizer Platz.

„Ich habe dort einen Tisch reserviert", erklärte er, als er die Tür öffnete. „Ich denke innen sitzen wir besser und vor allem nicht auf dem Präsentierteller."

Auch wenn mir nicht danach zumute war, mir mit Clemens einen netten Abend zu machen, so war ich doch froh, dass er für uns zwei Gläser Chardonnay bestellte. Ich musste meine Nerven wohl etwas beruhigen.

„Marlene", sagte er und legte die Hand auf meinen Arm, „was du in letzter Zeit erleben musstest, tut mir unfassbar leid. Glaub mir, ich wollte da bestimmt niemanden mit reinziehen und schon gar nicht dich."

„Du hast es aber getan, jetzt ist es zu spät."

„Weißt du, ich habe lange darüber nachgedacht, wie ich an deiner Stelle gehandelt hätte. Ich meine, weil du doch zur Polizei gegangen bist. Ich hätte es auch getan, warum sollst du dich mit Halbwahrheiten belasten?"

Ich war etwas enttäuscht, denn ich hatte erwartet, dass er mir Aufschlussreicheres zu sagen hatte. „Deshalb musste ich mich nun heute Abend mit dir treffen, damit du mir das sagen konntest? Das hätten wir doch wahrhaftig am Telefon besprechen können und ich läge längst im Bett."

„Nein, das war nicht der Grund, warum ich dich um ein Gespräch gebeten habe. Ich möchte dir bloß erklären, warum ich so viel Rücksicht auf Anja nehme, es gibt da einen, ja, einen triftigen Grund, musst du wissen." Er nippte an seinem Weinglas. „Anja ist ein labiler Mensch. Sie hatte mal Schwierigkeiten mit dem Gesetz."

Ich sah Clemens ungläubig an.

„Sie ist eine Stalkerin, Marlene. Sie ist deswegen aus Köln weggegangen. Man hat ihr gekündigt. Es gab da einen Mann in ihrem Leben, mit dem sie eine Zeit lang sehr glücklich war. Doch dann begann sie auf alles und jeden, der ihn kannte, eifersüchtig zu werden, und er beendete die Beziehung." Clemens machte erneut eine Pause und trank von seinem Wein. Ich tat es ihm gleich. „Sie konnte das nicht hinnehmen und fing an, ihm aufzulauern und als er eines Tages eine andere Frau kennenlernte, griff sie ihn mit einem Messer an. Er kam daraufhin ins Krankenhaus."

„Das ist ja furchtbar!" Ich war entsetzt. „Das … das kann ich gar nicht glauben."

„Das kann niemand, der sie kennt. Sie hatte auch großes Glück, denn der Mann hat sie zwar angezeigt, zog jedoch die Anzeige zurück, mit der Auflage, dass sie für immer aus seinem Leben verschwindet. Das tat sie auch und verließ daraufhin die Stadt."

Ich schüttelte völlig verwirrt den Kopf. „Es kann sich doch nicht um die Anja handeln, die ich kenne? Sie steht doch mit beiden Beinen fest im Leben!"

„Das denkt ja auch jeder und zum Glück weiß niemand etwas über ihre Vergangenheit."

„Aber ich meine, wieso hat sie es dir gesagt? Ihr wart ja ein Paar. Sie hätte damit doch sicher riskiert, dass du, na ja …"

„Du meinst, dass ich Schluss mache?"

Ich nickte.

Clemens sah auf seine Hände. „Das hatte ich auch mehrfach erwogen, zumal ich ihre krankhafte Eifersucht ja selbst zu spüren bekommen habe. Doch ich glaubte damals einfach, dass ich ihr durch meinen Schutz, durch meine Liebe helfen könnte. Ich nahm sie sogar, wie du ja weißt, als Partnerin in meiner Firma auf, da ich dachte, es würde sie stärken. Natürlich konnte das auf Dauer nicht funktionieren. Sie hätte professionelle Hilfe gebraucht, das denke ich heute. Deshalb habe ich die Beziehung dann auch endgültig beendet. Ich wollte nur, dass du das weißt."

Ich sah ihn immer noch vollkommen ungläubig an. „Weiß das Weigand?"

„Ich sagte doch schon, ihr damaliger Freund hat die Anzeige zurückgezogen. Also nein, ich bin wohl der Einzige, der davon weiß."

„Wenigstens kann ich mir jetzt eher erklären, dass du dir unnötigen Ärger ersparen wolltest." Ich zögerte. „Glaubst du, sie hat etwas mit dem Verschwinden von Irina zu tun – oder noch schlimmer? Du weißt, was ich meine."

Clemens lachte laut auf. „Anja? Nein, niemals. Dazu fehlt ihr der Mumm und so krank ist sie nun auch wieder nicht. Nein, keine Sorge, was das betrifft, ist sie vollkommen unschuldig."

Das beruhigte mich mehr als ich zugeben wollte, und auf einmal war ich froh, dass wir uns getroffen hatten. Denn obwohl sich durch dieses Gespräch natürlich nichts aufklären ließ, kehrte in meinem Gehirn eine gewisse Ordnung ein, wie ich sie gänzlich verloren geglaubt hatte.

Wir saßen noch eine Weile zusammen, und alles fühlte sich, soweit man das in dieser Situation sagen konnte, vernünftig an. Als wir uns an diesem Abend verabschiedeten, war ich guter Dinge und fühlte, dass mir unser Gespräch meinen inneren Frieden zurückgebracht hatte. Meine Entscheidung, nach Frankfurt zu gehen, bereute ich nicht länger.

* * *

Ich hatte mich bereits ausgezogen und wollte gerade ins Bett gehen, da klingelte mein Handy. Es war Anja.

„Anja, gut dass du dich endlich meldest, ich habe bereits mehrfach versucht, dich anzurufen. Was war denn los? Der Wenz …"

„Marlene, nur ganz kurz. Ich werde im Moment nicht ins Büro kommen. Bitte sag Clemens auf gar keinen Fall, dass ich mich bei dir gemeldet habe."

„Aber wieso denn das? Er macht sich doch auch Sorgen."

Anja sprach leise und gehetzt: „Hör mir einfach kurz zu, Marlene. Ich habe den begründeten Verdacht, dass mit Clemens etwas nicht in Ordnung ist."

„Was? Wie meinst du das?"

„Ich meine, du solltest nicht alles glauben, was er dir sagt. Er ist unberechenbar."

Ich spürte, wie mir das Blut aus dem Gesicht wich. Ich musste mich setzen. „Ich weiß nicht recht … Was genau meinst du denn?"

„Ich meine, dass er versuchen wird, dir einen Bären aufzubinden, dich auf seine Seite zu ziehen. Er steht unter dem begründeten, ich betone es, unter dem begründeten Verdacht, etwas mit dem Mord an Beate zu tun zu haben. Ich habe bereits mit der Polizei gesprochen, glaub mir."

„Aber ... aber das ist doch gar nicht möglich!"

„Er wird versuchen, mit dir Kontakt aufzunehmen. Mehr als das, er wird versuchen, dich zu beeinflussen, Dinge über mich zu verbreiten, die schlichtweg erfunden sind. Ich will dir gar nicht mehr erzählen, es würde dich nur belasten. Nur so viel sei gesagt: sei vorsichtig und halte die Augen offen – und glaub um Gottes Willen nicht alles, was er dir sagen wird. Er ist gefährlich."

„Bitte, Anja, können wir das nicht morgen im Beisein von Clemens klären? Ich meine, ihr könntet euch aussprechen und ..."

„Sag nichts von unserem Gespräch, sprich mit niemandem darüber! Ich werde nicht kommen. Ich habe Angst; Angst um mein Leben! Pass gut auf dich auf!" Dann war das Gespräch beendet.

Ich starrte fassungslos auf das Display meines Handys, als könne es mir erklären, was da soeben geschehen war. Ich fühlte mich vollkommen hilflos. Was sollte ich tun? Konnte ich etwas tun? Nein. Ich sollte mit niemandem darüber reden. Schon wieder hing ich mittendrin. Das konnte doch wohl nicht wahr sein!

Ich lag in dieser Nacht lange wach und dachte darüber nach, was mir Clemens und Anja gesagt hatten. Einer von beiden log, so viel stand fest. Warum nur wurde ich da immer wieder reingezogen? Und wenn ich morgen einfach nicht mehr ins Büro ging? Ich würde mein Auto packen und zu meinen Eltern fahren. Da war ich mit Sicherheit besser aufgehoben als hier.

„Er ist unberechenbar“, hatte Anja gesagt. Das jagte mir kalte Schauer über den Rücken. Wenn er nun wirklich etwas mit dem Verbrechen zu tun hatte, dann würde er mich nicht einfach so ziehen lassen. Er würde mich suchen, da war ich mir sicher. Schon aus Angst, dass ich der Polizei etwas sagen könnte. Nein, es war unmöglich. Ich konnte nicht einfach verschwinden, ich musste das durchstehen. Ich wollte keinesfalls auch noch meine Familie da mit hineinziehen. Und noch etwas stand für mich fest: ich musste die Wahrheit herausfinden. Etwas stimmte da ganz und gar nicht. Ich würde all meinen Mut zusammennehmen und vor allem durfte ich mir nichts anmerken lassen. Auf gar keinen Fall. Zum Glück war da noch Tobias, an ihn konnte ich mich im Zweifel wenden. Solange er durchhielt, würde ich es auch tun. Wenigstens an ihm durfte ich nicht länger zweifeln, ich brauchte einen Verbündeten.

29

19. August 2016

„Morgen", begrüßte mich Tobias.

Ich sah zu Clemens' Schreibtisch. „Ist er in der Küche?"

„Nein, er ist unterwegs, warum?"

Ich ließ mich auf meinen Stuhl fallen und ganz plötzlich hatte ich Tränen in den Augen.

„Was ist denn mit dir los, Auftrag geplatzt?"

Ich schüttelte den Kopf, konnte jedoch nicht reden, wusste nicht, ob ich reden durfte.

„He, Marlene, kann ich irgendwie helfen? Du siehst aus, als stündest du kurz vor einem Nervenzusammenbruch." Er sah mich besorgt an. „Nein, du hast ihn bereits, nicht wahr?"

„Anja hat mich gestern Abend angerufen, Aber bitte, bitte behalte das für dich. Ich weiß nicht, an wen ich mich sonst wenden soll. Sie hat gesagt, dass sie große Angst hat."

„Angst? Vor wem denn?"

Ich schüttelte heftig den Kopf. „Vergiss es, Tobias, das muss sie dir selber sagen. Ich, ich dachte nur … ich dachte, du hättest vielleicht auch irgendetwas darüber gehört."

Tobias sah zur Tür, blickte dann zurück zu mir. „Du meinst die Sache mit Clemens und ihr? Soll ich ehrlich sein? Ich traue Clemens nicht recht über den Weg. Er wirkt zwar so loyal, aber ich habe da ein paar dubiose Telefonate mit angehört."

„Was für Telefonate?", wollte ich wissen.

„Sagen wir so, ich glaube, er hat einen Handlanger für irgendwelche, na, nennen wir es Geschäfte."

„Du glaubst also, Anja ist zu Recht in Sorge?" Ich riss die Augen auf.

„Ich glaube, sie hält Augen und Ohren offen und weiß weitaus mehr als sie zugeben wird."

„Dann sollten wir zur Polizei gehen."

Tobias schüttelte den Kopf. „Lass die mal vorläufig aus dem Spiel. Die komplizieren die ganze Sache nur." Er sah mich eine Weile lang an. „Wir könnten allerdings später was zusammen trinken. Was hältst du davon? Dann können wir uns in Ruhe unterhalten."

„Gute Idee", sagte ich, und da sahen wir durch das Fenster Clemens vor der Tür stehen.

„Wir treffen uns um acht in der Bar am Main, ok?", flüsterte Tobias und ich nickte.

„Morgen, was von Anja gehört?", fragte Clemens beim Reinkommen und warf seine Aktentasche auf den Schreibtisch.

Tobias schüttelte den Kopf. „Wir dachten, du sagst uns, wann sie wiederkommt."

Clemens schüttelte den Kopf und stöhnte. Dann fuhr er sich mit den Händen durch die Haare. „Ich habe es allmählich satt. Ständig verschwindet hier irgendjemand aus unerfindlichen Gründen. Das ist mit Verlaub gesagt zum Kotzen! Ich weiß nicht, wie lange ich das alles noch mitmache." Er sah mich an. „Kann ich dich später mal sprechen? Wir könnten dabei eine Kleinigkeit essen."

Ich sah ihn unsicher an, dann blickte ich zu Tobias und schüttelte den Kopf. „Tut mir leid, Clemens, gerne ein anderes Mal. Heute habe ich schon etwas vor."

* * *

Tobias saß bereits am Tresen, als ich hereinkam. Er stand auf und küsste mich auf beide Wangen.

„Tut mir leid“, sagte ich, „habe keinen Parkplatz gefunden.“

„Bringen Sie der Dame einen Prosecco“, forderte er die Bedienung auf und dann an mich gewandt: „Ist dir doch recht, oder?“

„Eigentlich nicht, ich muss noch fahren.“

„Na ja, einer wird dich schon nicht umhauen, hoffe ich doch. Übrigens gut, dass du Clemens nicht gesagt hast, dass wir uns treffen. Er soll keinen Verdacht schöpfen.“ Er machte eine Pause. „Hast du doch nicht, oder?“

Ich schüttelte den Kopf. Mein Getränk wurde mir soeben gereicht. „Erzähl mal, was waren das für Telefonate, von denen du heute Morgen gesprochen hast?“

Tobias prostete mir mit seinem Bier zu. „Also, nichts wirklich Greifbares. Ich hatte bloß ein eigentümliches Gefühl dabei.“ Er hielt inne und musterte mich. „Du kennst das doch, wenn jemand am Telefon so merkwürdig redet? Sowas wie ‚nicht jetzt‘ und ‚Sie wissen ja, wann es losgeht‘ oder ‚das Geld dafür müsste ja reichen.‘ Ich kann es dir nicht erklären, es hörte sich einfach merkwürdig an. Und jetzt, wo du sagst, Anja hat Angst, vielleicht hat sie ja Angst vor ihm und das zu Recht.“

„Das hörte sich für mich vorhin wesentlich dramatischer an, als du davon sprachst. Glaubst du, er“, ich suchte nach Worten, „er hat etwas mit Irinas Verschwinden zu tun oder gar mit Schlimmerem? Ist das deine Vermutung?“

Er beugte sich nach vorn und flüsterte mir ins Ohr: „Ich bin sicher, wir werden es rausfinden. Sowie wir handfeste Beweise haben, gehen wir zur Polizei. Was meinst du? Ehe wir die Schnüffler zu früh informieren und uns zum Gespött machen."

So ganz klar war mir nicht, was er damit meinte, doch ich wollte eigentlich nicht weiter darüber nachdenken und hatte vor allem Angst vor weiteren Schwierigkeiten. Das alles jagte mir genügend Schauer über den Rücken und so langsam fragte ich mich, ob das der Grund war, weshalb sich Anja so von mir zurückzog. Vielleicht wollte sie mich da einfach nicht mit reinziehen, vielleicht war sie in Sorge um mich.

Tobias riss mich aus meinen Gedanken: „Du solltest dir nicht allzu viele Sorgen machen, wahrscheinlich ist alles völlig harmlos. Ich würde mich an deiner Stelle einfach nur ein wenig von Clemens fernhalten. Bis wir wissen, was Anja meinte, denke ich. Sie wird sich sicher heute noch bei dir oder bei mir melden. Also keine Sorge."

Der intensive Blick, mit dem er mich fixierte, irritierte mich. Doch irgendwie gefiel er mir auch. Ob Tobias sich mehr von mir versprach? Er hatte etwas Undurchdringliches, das war mir schon mehrfach aufgefallen, als trage er ein Geheimnis mit sich herum. Doch all diese dunklen Gedanken entsprangen gewiss nur meiner Fantasie, aufgrund der unschönen Ereignisse, die sich nun einmal zugetragen hatten. Ich sah ihn an und lächelte. Er verwirrte mich auf eine merkwürdige Weise, vielleicht begann er, mir gerade sympathisch zu werden. Ich wusste es nicht, doch war ich froh, dass ich nun wenigstens in ihm einen Mitwisser hatte, der mich zu verstehen schien und der auch nicht recht wusste, was hier eigentlich gespielt wurde.

„Du hast recht“, sagte ich schließlich. „Sie wird sich melden und es wird alles wieder in Ordnung kommen. Ich bin froh, dass ich nicht sofort zu Weigand gerannt bin oder ihn angerufen habe.“

„Dann wäre das ja geklärt. Schöne Bar, nicht wahr?“ Er sah sich um.

Ich nickte. „Anjas Lieblingsbar.“

30

Gefangen

Meine Kräfte verließen mich mehr und mehr, ich würde nicht mehr lange durchhalten können. Dazu kam die ständige Übelkeit. Mein Magen rebellierte. Wahrscheinlich fingen die Bakterien in meinem Körper an, mich langsam aber sicher zu vergiften. Das fehlende Essen tat natürlich sein Übriges. Wo blieb er nur? Ich musste etwas unternehmen, bevor ich zu schwach oder krank dazu wurde. Ich wollte kämpfen, solange ich dazu noch einigermaßen in der Lage war.

„So hilf mir doch bitte, Gott", flüsterte ich. „Bitte."

Ich hatte mich vor geraumer Zeit neben der Tür in Position gesetzt, falls er kommen sollte. Den stinkenden Eimer in Reichweite.

Und nun, ganz plötzlich, hörte ich Schritte, näherkommende Schritte. Er würde in wenigen Sekunden diese Tür öffnen. Ich umschloss fest den Eimer. Mein Herz schlug mir bis zum Hals. Ich hatte nur diese eine Chance und wusste nicht, ob meine Kräfte ausreichen würden. Jetzt stand er vor der Tür und machte sich am Riegel zu schaffen. Die Tür ging auf, er richtete das Licht seiner Taschenlampe in die entgegengesetzte Richtung, dorthin, wo er mich vermutete. Er warf etwas dorthin.

„Da, damit du nicht verhungerst. Kleines Stück Brot, bisschen hart, aber dann hast du wenigstens einen netten Zeitvertreib."

Ich war wie gelähmt. Wenn ich nicht jetzt handelte, wäre es zu spät. Ich riss den Eimer hoch und schleuderte ihm mit Schwung den Inhalt entgegen. Er war nicht darauf gefasst, torkelte, rutschte aus. Er war schon im Begriff, wieder aufzustehen, als ich über ihn kletterte, um zur Tür zu gelangen. Er röchelte und griff nach meinem Bein, ich versuchte mit aller Kraft, in sein Gesicht zu treten. Er ließ mich los. Ich hatte die Tür erreicht, war jetzt im Gang und rannte so schnell ich nur konnte. Welche Richtung? Wo ging es hin? Ich sah so gut wie nichts, doch ich konnte einen winzigen Lichtschein ausmachen. Dort schien eine Treppe zu sein.

„Schlampe!", hörte ich ihn schreien. „Du verdammte Schlampe, du entkommst mir nicht!" Er schien aufzuholen, nur wenige Schritte hinter mir zu sein.

Ich rannte weiter, musste die Treppe erreichen, musste hier raus. *Schnell, Marlene, schnell.*

Ich stolperte und fiel hin. Scheinbar war ich an die erste Treppenstufe gestoßen. Verdammt, mein Fuß schmerzte heftig. *Steh auf, Marlene, schnell!* Ich rappelte mich auf, ertastete den Handlauf der Treppe. Ich war bereits auf der nächsten Stufe, da war er bei mir.

„Glaubst du, du könntest mir entkommen? Ich hätte dich wahrhaftig für schlauer gehalten, du kleine Schlampe, na warte."

Er packte mich hart am Arm.

„Nein!", schrie ich. „Nein!" Ich versuchte, mich aus seinem Griff zu winden, ihm wenigstens ins Gesicht zu sehen.

Seine freie Hand riss jetzt an meinen Haaren und verhinderte, dass ich mich umdrehen konnte. Gleichzeitig schubste er mich vor sich her. Ich fiel erneut hin.

„Bitte, lassen Sie mich doch!“, flehte ich und wehrte mich verzweifelt. Ich trat hinter mich, versuchte sein Bein zu treffen.

Er schlug mir mit der Faust auf den Kopf. Alles drehte sich, ich schnappte nach Luft, dann wurde es schwarz um mich herum.

31

25. August 2016

„Du gehst mir jetzt schon seit Tagen aus dem Weg." Clemens hatte seine Hand von hinten auf meine Schulter gelegt und ich hätte vor Schreck beinahe meine Kaffeetasse fallengelassen, die ich gerade in unserer kleinen Küche gefüllt hatte.

„Meine Güte, ich habe dich nicht kommen hören."

„Tut mir leid, ich wollte dich nicht erschrecken, doch es ist so schwer an dich heranzukommen. Was ist denn bloß mit dir los? Ich kann doch auch nichts dafür, dass Anja meint, sie müsse sich hier rarmachen."

Ich drehte mich zu Clemens um. „Ich weiß einfach nicht, was hier geschieht und ich … ich weiß nicht, wie ich es sagen soll, es überfordert mich gerade einfach ein bisschen. Ich habe lange darüber nachgedacht, Clemens. Ich werde dir morgen die schriftliche Kündigung einreichen. Ich höre Ende des Monats hier auf. Es tut mir wirklich sehr leid, aber meine Nerven halten das nicht mehr länger aus, so gerne ich etwas anderes sagen möchte. Noch vor ein paar Tagen wollte ich um jeden Preis bleiben, doch nun weiß ich nicht mehr weiter."

Clemens lehnte sich an die Anrichte und sah aus dem Fenster, schließlich nickte er. „Ja, wer kann dir das verübeln. Ich kann dich bestimmt auch nicht überreden noch ein paar Wochen dranzuhängen, nicht wahr? Bis ich, das hört sich jetzt blöd an, bis ich einen Ersatz für dich gefunden habe, meine ich."

Ich schüttelte den Kopf. „Ich denke nicht."

„Du traust mir nicht, nicht wahr? Du glaubst, ich habe etwas mit Irinas Verschwinden zu tun. Und vielleicht denkst du sogar Schlimmeres. Wegen Beate, stimmt's?"

Ich konnte ihm nicht in die Augen sehen. „Ich weiß nicht mehr, was ich denken soll, das ist es wohl. Ich gebe zu, dass mir das alles ziemlich unheimlich ist. Ich werde ganz aus Frankfurt weggehen, nehme ich an. Erst mal zurück, zu meinen Eltern. Und dann werde ich mir Gedanken darüber machen, wo und wie ich neu anfangen kann."

Clemens nickte. Er sah traurig aus. Wenn ich ihm doch vertrauen könnte! Ich hatte ihm so viele Chancen gegeben.

„Vielleicht kannst du dir ja wenigstens überlegen, ob du mit mir noch einmal ein Gespräch führen willst. In aller Ruhe meine ich, so wie neulich. Nicht hier natürlich, du entscheidest, Marlene. Ich habe jetzt einen Termin, denk darüber nach, ich glaube, dass es wichtig ist."

Kaum hatte Clemens das Büro verlassen, da stand Tobias an meinem Schreibtisch. „Du siehst ja aus wie sieben Tage Regenwetter, hat er dich bedroht?"

„Bedroht? Wie kommst du denn darauf?"

„Er hat gestern versucht, mich in die Enge zu treiben. Eine sehr unangenehme Geschichte. Er will mich zu einer Falschaussage zwingen, bei der Polizei, wenn du verstehst."

Ich sah Tobias ungläubig an. „Nein, ich verstehe nicht, was meinst du damit? Ich meine, wie kann er dich in die Enge treiben?"

„Er sagte, wenn ich ihm nicht helfe, steht mir die Kündigung ins Haus. Doch bitte Marlene, das bleibt unter uns. Er wird es sowieso nicht zugeben."

„Was sollst du denn sagen, wenn ich fragen darf?"

„Ich soll sagen, dass ich vergessen habe zu erwähnen, dass ich zur Tatzeit von Irinas Verschwinden mit ihm zusammengesessen habe."

„Ist doch völliger Blödsinn!", sagte ich. „Du bist doch erst viel später in unser Büro gekommen."

„Das stimmt zwar, jedoch kannte ich ihn tatsächlich schon früher. Wir waren einmal gemeinsam bei einem Freund eingeladen, auch ein Makler. Da habe ich ihn kennengelernt, wenngleich Anja mich später eingestellt hat."

„Und war das zur Tatzeit?"

„Natürlich nicht."

„Dann verstehe ich das nicht!"

„Das Problem ist, dass unser gemeinsamer Freund sich nicht mehr an den genauen Tag erinnert. Ich soll nun also behaupten, dass wir uns zur Tatzeit dort getroffen haben. Ich brauche das Geld, verstehst du, ich kann mir nicht leisten, gekündigt zu werden. Ich wollte dir damit nur sagen, dass er ein gewiefter Hund ist. Halte dich besser fern von ihm. Hat du was von Anja gehört?"

„Nein, sie geht seit vorgestern nicht mehr an ihr Handy, es ist ausgeschaltet."

„Sagtest du nicht, ihr seid beide bei Facebook? Schreib ihr eine Nachricht und bitte sie, dich zu treffen."

„Wieso sollte sie denn darauf reagieren?"

„Vielleicht hat sie das Handy wegen Clemens ausgeschaltet. Ist er auch bei Facebook?"

Ich hob die Schultern. „Nicht dass ich wüsste, jedenfalls hat sie das nie erwähnt."

„Na dann versuch sie doch dort anzuschreiben. Vielleicht könnt ihr euch treffen."

Ich hielt die Möglichkeit für recht unwahrscheinlich, zumal ich meinen Facebook-Account nur ein einziges Mal genutzt hatte, was natürlich nicht bedeutete, dass Anja nicht auch momentan aktiv sein konnte, sie nutzte Facebook ja regelmäßig. Als ich mich später einloggte, hatte ich zweiundzwanzig Freundschaftsanfragen, die mich allerdings nicht interessierten. Ich fand es einfach nur befremdlich, dass man hier mit wildfremden Menschen plauderte. Ich suchte Anja unter meinen wenigen Kontakten und schrieb ihr: **Ich mache mir Sorgen um dich. Bitte melde dich! Lass uns treffen und reden.**

32

25. August 2016

Ich war kaum zuhause, da klingelte es an der Tür. Als ich den Hörer von der Sprechanlage abnahm, erschrak ich: „Marlene, bitte lass mich rein, ich bitte dich. Ich muss dich einfach sehen!"

Es war Clemens, was sollte ich jetzt machen? „Clemens, ich, ich fühle mich eigentlich ... weißt du, ich bin eben gerade erst hereingekommen. Ich denke, das ist nicht der geeignete Zeitpunkt für ein Gespräch."

„Marlene, bitte. Es dauert auch nicht lange, aber bitte lass mich rein! Mein Gott, du brauchst doch wirklich keine Angst vor mir zu haben."

Mir fiel ein, dass ich Pfefferspray in meiner Handtasche hatte. „Also gut", sagte ich und drückte auf den Türöffner. Mein Gott, was hatte ich mir nur dabei gedacht? Ich konnte nicht recht begreifen, warum ich ihn hereinließ, doch nun war es zu spät. Er würde in wenigen Sekunden hier oben sein. Schnell nahm ich das Pfefferspray und schob es in die hintere Hosentasche. Er würde nicht lange bleiben und es würde vor ihm verborgen bleiben. Jetzt klopfte es an der Tür.

Clemens umarmte mich. „Danke", sagte er atemlos. Wir standen im Eingang und sahen uns unschlüssig an.

„Könntest du mich vielleicht kurz hereinlassen", bat Clemens.

„Ach ja, natürlich." Ich machte den Weg zum Wohnzimmer frei.

„Darf ich?“, er zeigte auf den Sessel.

Ich nickte, blieb aber selbst stehen. „Willst du was trinken?“

Clemens schüttelte den Kopf. „Nein, nein. Ich will einfach wissen, was los ist. Was ist passiert, dass du mir so auffällig aus dem Weg gehst? Traust du mir denn gar nicht mehr?“ Er stand wieder auf und wollte auf mich zugehen, doch ich ging einen Schritt zurück.

„Bitte Clemens, ich weiß einfach nicht, was ich glauben soll, das habe ich dir doch jetzt schon oft genug gesagt. Jetzt ist Anja auch noch verschwunden oder lässt sich zumindest nicht erreichen ... Okay, ich werde es dir sagen: Sie behauptet, sie habe Angst.“

„Vor mir?!“ Clemens sah mich verständnislos an.

Ich hob hilflos die Schultern. „Du hättest nicht kommen dürfen, Clemens. Ich werde das alles sehr bereuen, was ich dir jetzt sage: Sie traut dir nicht und glaubt, du seist gefährlich.“

Clemens schüttelte fassungslos den Kopf. „Ich kann es nur nochmal betonen. Sie braucht Hilfe und sie scheint erneut in einer Lebenskrise zu stecken. Dafür kann ich nichts, Marlene.“ Er nahm meine Hand, die ich ihm am liebsten sofort wieder entzogen hätte. „Du bedeutest mir etwas, das weiß ich schon seit längerer Zeit, und wenn nicht all das geschehen wäre, dann hätten wir uns vielleicht besser kennengelernt, hätten eine Chance gehabt. Denn ich hatte auch bei dir den Eindruck, dass ich dir nicht ganz gleichgültig bin.“

Nun entzog ich ihm meine Hand. „Im Moment kann ich nichts dazu sagen, es gibt einfach zu vieles, was ich nicht verstehen kann. Warum hast du mir eigentlich nicht gesagt, dass du Tobias schon kanntest?“, fragte ich beiläufig.

Er hob den Kopf. „Dass ich ihn kannte? Wer sagt denn das, woher sollte ich ihn denn kennen?"

Plötzlich glaubte ich, dass es ein Fehler war, darüber gesprochen zu haben. „Nein, nein, niemand, ich dachte nur – aber, um noch einmal auf Anja zu sprechen zu kommen: Wenn du sie kennst, dann kannst du ihr doch die Angst vor dir nehmen, rede mit ihr. Das ist doch so kein Zustand."

Clemens lachte verächtlich. „Sie hat doch keine Angst vor mir. Eher könnte ich behaupten, dass *sie* unberechenbar ist: Was meinst du, wie oft ich versucht habe, mit ihr zu reden? Nein, Marlene, es ist nicht möglich. Es ist ihre krankhafte Eifersucht, die ihr im Weg steht. Überleg doch mal, warum sollte ich jemandem etwas antun? Welchen Grund hätte ich denn?"

„Welchen Grund? Kenne ich den Grund dafür, dass Menschen zu Mördern werden? Warum gibt es Psychopathen, Soziopathen und was weiß ich noch? Ich habe mir, wenn ich ehrlich bin, noch nie Gedanken darüber gemacht. Warum auch? Wer denkt, dass er jemals in eine Situation kommt, in der ..."

„In der was? Man mit einem Psychopathen wie mir zu tun hat?" Seine Augen hatten sich zu Schlitzen verengt und sein Mund verzerrte sich. „Du hast recht, ich hätte nicht kommen sollen, ich kann mit meiner Zeit weiß Gott Besseres anfangen! Ich wünsche dir einen schönen Abend." Plötzlich drehte er sich noch einmal um. „Du hast in diesem Fall keine Kündigungsfrist. Das heißt, wenn du dich bei uns nicht mehr wohlfühlst, dann komm schon morgen vorbei. Ich werde dich in bar ausbezahlen. Besser, wir sehen uns nicht mehr."

Ohne ein weiteres Wort stürmte er hinaus.

Ich ließ mich kraftlos aufs Sofa fallen. Verdammt, das Pfefferspray. Ich zog es aus der Hosentasche und schämte mich dafür, dass ich es eingesteckt hatte. Hatte ich tatsächlich geglaubt, er würde mir etwas zu Leide tun, hier, in meiner Wohnung? Selbst wenn er bis zum Hals in Schwierigkeiten steckte, dazu war er zu schlau. Das wusste ich nun.

* * *

Ich schrak auf, als mein Handy klingelte. Es war dunkel in der Wohnung, ich musste eingeschlafen sein. Suchend tastete ich nach dem Lichtschalter, fand ihn nicht, doch das Handy blinkte.

„Hallo?" Es blieb still in der Leitung. „Hallo?"

„Du suchst Anja Malmann?"

„Hallo, bitte sprechen Sie lauter, ich kann Sie kaum verstehen."

Wieder flüsterte die Stimme: „Sie kann sich momentan nicht selbst melden!"

„Was? Woher wissen Sie, ich meine, wer sind Sie überhaupt und woher haben Sie meine Nummer?" Die Stimme war so leise, dass ich unmöglich erkennen konnte, ob es sich dabei um einen Mann oder um eine Frau handelte. Verdammt!

„Warum kann sie sich nicht melden? Ist ihr etwas zugestoßen? Bitte, wer sind Sie, kann ich Anja helfen?"

„Wir haben uns vorhin gesehen, Marlene."

„Clemens, bist du es? Willst du mir Angst machen? Was soll das alles?! Clemens, ich weiß, dass du es bist. Hör zu, entschuldige, vielleicht habe ich mich vorhin zu wenig kooperativ gezeigt, lass uns einfach reden. Sag mir, wie ich Anja helfen kann oder dir."

Es folgte unterdrücktes Gelächter, dann legte der Anrufer einfach auf.

Was sollte ich jetzt tun? Wer tat so etwas und was würde sich derjenige noch einfallen lassen? Ich musste etwas unternehmen. Ich überlegte. Ich hatte doch die Nummer von Kommissar Weigand. Die Visitenkarte. Wo war sie? Ich nahm meine Handtasche und kippte sie auf dem Sofa aus. Endlich fand ich die Visitenkarte und wählte die Nummer. Das Gespräch wurde beinahe sofort entgegengenommen.

„Entschuldigen Sie die späte Störung, Herr Kommissar, doch Sie sagten, ich darf mich jederzeit melden. Hier ist Marlene Kern."

„Hallo Frau Kern, aber natürlich. Gibt es irgendwelche Neuigkeiten?"

Ich erzählte ihm von dem Telefonat, verschwieg jedoch den Verdacht, dass es Clemens gewesen sein könnte. Irgendetwas hielt mich davon ab, vielleicht war es einfach die Angst. „Ich möchte nur, dass Sie das zur Kenntnis nehmen, ich meine, falls nachher etwas passiert. Ich könnte mir das nie verzeihen."

„Sie haben das Gespräch mit Sicherheit nicht aufgezeichnet?"

„Nein, natürlich nicht, wie käme ich denn darauf?"

„Haben Sie die Nummer auf dem Display?"

„Nein, das war ein unbekannter Teilnehmer."

„Das wird schwierig nachzuvollziehen, das können Sie sich sicher denken. Dennoch bin ich dankbar für Ihren Anruf, wenngleich Sie sicherlich wissen, dass wir Beweise brauchen. Sie sagen, Sie können die Stimme keinem Geschlecht zuordnen?"

„Nein, nicht direkt, aber vielleicht war es eher ein Mann."

„Gibt es jemanden, den Sie verdächtigen diesen Anruf getätigt zu haben?"

Ich zögerte. „Nicht direkt, nein."

„Frau Kern, könnte es sich bei dem Anrufer eventuell auch um Clemens Richter gehandelt haben?"

„Wie ich schon sagte, ich habe die Stimme überhaupt nicht zuordnen können. Aber natürlich, wenn Sie mich so fragen, ich könnte das nicht vollständig ausschließen. Ich wüsste natürlich nicht, warum er das tun sollte, aber …"

„Das spielt keine Rolle. Ich möchte nur wissen, ob es für Sie denkbar wäre."

„Ja", antwortete ich.

„Wir werden in alle Richtungen ermitteln, das verspreche ich Ihnen. Seien Sie achtsam und melden Sie sich bitte weiterhin jederzeit. Mehr kann ich Ihnen zu diesem Zeitpunkt nicht sagen, wenngleich wir eine konkrete Spur verfolgen."

„Das hört sich vielversprechend an. Auf Wiederhören."

Na toll, ich war so schlau wie zuvor, na gut, bis auf die Tatsache, dass sie offensichtlich bereits in eine Richtung ermittelten. Das sollte mich eigentlich erst einmal etwas beruhigen, doch anders als in den Romanen, die man so las, fühlte ich mich kaum erleichtert. Sollte ich jetzt auf der Stelle meine Sachen packen und von hier verschwinden? Ich hatte ein Auto, konnte jederzeit nach Hause fahren. Warum sollte ich mich unnötig in Gefahr begeben? Aber nein, ich verwarf den Gedanken sogleich. Das konnte ich nicht tun, Anja brauchte mich,

ich konnte sie nicht im Stich lassen. Wenn sie Hilfe brauchte, wollte ich da sein. Es nützte ihr nichts, wenn ich feige war, und obendrein würde das mein Gewissen nicht zulassen. In ein paar Tagen war alles bestimmt ausgestanden. Vielleicht hatte mein Anruf bei Weigand wenigstens so viel bewirkt, dass ich schneller Hilfe bekam, sollte mir auch etwas zustoßen.

33

Gefangen

Ich lag auf dem Bauch, als ich zu mir kam, auf meinen Händen. Die Tür war wieder verschlossen worden, jedenfalls konnte ich keinen Lichtstrahl erkennen. Ich versuchte, mich aufzurichten. Verdammt, er hatte mir die Hände zusammengebunden! Mein Kopf schmerzte und meine Nase hatte scheinbar stark geblutet. Ich setzte mich auf die Knie. Auch sie schmerzten heftig, ich musste wohl darauf gefallen sein. Ich führte meine Hände vor den Mund, vielleicht konnte ich das Seil mit den Zähnen zerbeißen. Nein, ich würde keine Chance haben. Es handelte sich offensichtlich um ein festes Plastikband. Ich zerrte daran, versuchte die Fessel zu weiten, doch natürlich schnitt mir dabei das Band nur schmerzhaft ins Fleisch.

Ich begann zu weinen. Ich hatte meine einzige Chance vertan. Ich würde aus diesem Gefängnis nicht mehr lebend herauskommen, das wurde mir in aller Deutlichkeit bewusst.

Ich rief mir die Stimme meines Entführers ins Gedächtnis. Er hatte geschrien, mir kam die Stimme irgendwie bekannt vor, das schon, doch nicht mit Gewissheit. Moment mal, war es möglich, dass die Stimme Wenz gehörte, machte das Sinn? Anja hatte erwähnt, er kannte sie beide – Beate und Irina. Mein Gedächtnis wollte mir nicht gehorchen. Nein, Wenz hatte einen anderen

Tonfall. Es klang eher wie … Tobias! Oh mein Gott, der Gedanke war alles andere als abwegig. Wieso nur war mir das vorher nicht aufgefallen?

Er hatte etwas Essbares hier reingeworfen. Ich musste es finden. Ich erinnerte mich an die ungefähre Richtung, in der es auf den Boden gefallen war, und robbte auf den Knien vorwärts. Ich tastete mit den zusammengebundenen Händen in alle Richtungen. Verdammt, ich fand es nicht. Ich musste essen, sonst würde ich zu schwach werden und am Ende verhungern. Ich bildete mir ein, dass ich bereits den ganzen Bereich abgetastet hatte, als ich plötzlich fand, was ich suchte. Es war der harte Rest eines alten Brotlaibes. Eine Kruste so hart wie Beton. Ich versuchte hineinzubeißen, doch mehr als ein paar Krümel ließen sich nicht mit den Zähnen abschaben. Sowie ich jedoch diese paar Krumen hinuntergeschluckt hatte, meldete sich ein unbändiger Hunger. Ich leckte an dem Brot, spuckte darauf, um es zu erweichen, und konnte schließlich ein gutes Stück davon abbeißen. Gott sei Dank! Das war Rettung in letzter Minute. Ich hatte keine Ahnung, wie lange ich brauchte, um alles aufzuessen, doch nun war nichts mehr übrig. Ich hätte noch dreimal so viel essen können, so ausgehungert wie ich war, doch dieses bisschen würde mich zumindest vorerst am Leben halten. Jetzt musste ich allerdings wieder trinken. Die verbundenen Hände erschwerten das Öffnen des Deckels, doch ich schaffte es. Der üble Geruch, der mir entgegenströmte, nahm mir fast die Sinne, und als ich die Tonne endlich wieder geschlossen hatte, wurde mir bewusst, dass es hier immer noch schrecklich stank. Da fiel mir ein, dass ich den Fäkalieneimer ausgekippt hatte. Der Dreck hatte sich natürlich über den Boden ergossen.

Ich würgte, konnte aber zum Glück verhindern, dass ich mich übergab.

34

26. August 2016

Ich erwachte mit starken Kopfschmerzen. Dennoch begab ich mich sofort zum Computer, in der Hoffnung, Anja könnte mir eine Nachricht geschickt haben. Ich wünschte mir inständig, dass der gestrige Anrufer mich bloß hatte erschrecken wollen und dass sie wohlauf war. Vielleicht hatte die Polizei auch längst etwas herausgefunden. Doch weder hatte Anja mir eine Nachricht geschickt, noch hatte ich einen verpassten Anruf erhalten. Enttäuscht fuhr ich den Laptop herunter. Ich nahm eine ausführliche Dusche, um mich irgendwie frisch zu machen für den nächsten düsteren Tag, der vor mir lag.

Als ich das Büro betrat, saß bloß Tobias an seinem Schreibtisch.

„Warum sagst du, du hast Clemens schon vorher gekannt, wenn das gar nicht stimmt?“

Tobias sah mich streng an. „Hast du etwa mit Clemens darüber gesprochen? Ich habe dich doch ausdrücklich gewarnt.“

„Nein, nicht darüber, ich habe ihn nur gefragt, ob er dich kannte.“

„Warum hast du das getan? Ich habe dir das im Vertrauen gesagt, du solltest es nicht herausplaudern! Komplizier doch nicht alles noch zusätzlich, verdammt nochmal! Dann kann ich dir auch nicht helfen, wenn du meine Warnungen in den Wind schlägst!“ Er warf einen Aktenordner auf seinen Schreibtisch. „Hast du etwa mit ihm telefoniert?“

„Muss ich dich erst um Erlaubnis bitten, wenn ich mit ihm rede? Mein Gott nochmal!“ Ich war jetzt auch sehr aufgebracht. „Ich dachte, ich könnte wenigstens dir vertrauen, aber hier flippt ja anscheinend jeder aus. Ach weißt du was, ihr könnt mich alle mal!“

Ich nahm meine Tasche vom Schreibtisch und schnappte mir das Exposé, denn ich hatte jetzt gleich einen Besichtigungstermin. Das war auch gut so, sonst wäre ich ihm wahrscheinlich an den Hals gesprungen. Beim Rausgehen wäre ich beinahe mit Clemens zusammengestoßen.

„Hallo Marlene, du bist ja noch hier – oder wolltest du dir bloß deine Provision abholen? Ich habe das Geld dabei.“

„Nein, ich bleibe noch regulär bis zum einunddreißigsten, bemüh dich bitte nicht. Ich nehme meine letzten Termine noch wahr. Bis dahin ist ja sicher auch Anja wieder hier und dann kann ich guten Gewissens ausscheiden. Bin dann jetzt erst mal weg, schönen Vormittag für euch.“ Mit diesen Worten verließ ich das Büro.

Es war ein heißer Augustvormittag und der Verkehr in der Stadt kam wegen der sommerlichen Baustellen schon am Morgen zum Erliegen. Ich stand bereits kurz nach dem Losfahren im Stau. Bis ich mein Ziel, den Zoo, erreichte, würde es nun bestimmt eine halbe Stunde dauern. Vorne war kein Ende des Staus in Sicht und auch als ich in den Rückspiegel schaute, sah ich, wie groß mittlerweile die Schlange hinter mir war.

Gerade wollte ich das Radio anmachen, da stutzte ich. Ich sah noch einmal in den Rückspiegel. Ich musste mich etwas verbiegen, denn das Auto direkt hinter mir versperrte die Sicht auf das, was mich fesselte. Ich versuchte es mit dem Außenspiegel.

Die Frau, die meine Aufmerksamkeit auf sich gezogen hatte, trug eine große, auffällige Sonnenbrille und einen breitkrempigen Hut. Doch selbst wenn sie dadurch halb verdeckt war, sie sah aus wie Anja. Ich fuhr offen in meinem Cabrio, nun schnallte ich mich ab und stand auf. Ich drehte mich um und winkte ihr zu. Ja, es bestand kein Zweifel, es war Anja oder sie musste eine verdammt gute Doppelgängerin haben. Noch einmal winkte ich, doch sie reagierte nicht auf mich, schien mich aber zu sehen. Das konnte doch nicht wahr sein, was sollte denn das?! Etwas verwundert war ich auch über ihr Fahrzeug. Ich kannte es nicht. Sie besaß einen schwarzen Golf. Dies schien zwar auch einer zu sein, doch es handelte sich um ein offensichtlich älteres, cremefarbenes Modell.

Plötzlich kam Bewegung in die vor mir stehende Autoschlange und ich gab Gas. Es ging einige hundert Meter in gemäßigtem Tempo vorwärts. Als der Verkehr erneut zum Stillstand kam, war der Wagen hinter mir verschwunden. Wie konnte denn das geschehen sein. Hatte sie gewendet?

In diesem Moment hörte ich quietschende Reifen und da war das Auto ganz dicht neben mir. Sie sah mich an und ich glaubte, sie grinste. Wollte sie mich etwa touchieren? Ich musste ausweichen, um nicht mit ihr zusammenzustoßen. Mit einem Knall fuhr ich an den Kotflügel des Autos, das rechts neben mir fuhr. Verdammt! Ich suchte nach Anja und dem hellen Golf, doch der hatte sich längst drei Autolängen vor mir eingereiht.

Der Fahrer neben mir hupte und machte Zeichen, dass ich aussteigen sollte, was zu einem gehörigen Hupkonzert führte.

„Sind Sie völlig verrückt geworden?!", brüllte er mich an.

„Bitte, es tut mir schrecklich leid, aber haben Sie den Wagen neben mir denn nicht gesehen, er hätte mich um ein Haar angefahren."

„So wie Sie jetzt mich, verdammt nochmal! Und nein, ich habe kein anderes Fahrzeug gesehen und es interessiert mich auch nicht. Sie werden doch wohl eingestehen, dass Sie mich angefahren haben."

„Können Sie gefälligst weiterfahren?", schrie jemand hinter uns.

„Fahren Sie hinter mir rechts ran, wir behindern den Verkehr", wies der Mann mich an.

Ich gehorchte. Mit zitternden Knien parkte ich mein Fahrzeug hinter ihm. Der Mann stieg aus und begutachtete den Kotflügel seines Mercedes. „Das wird teuer, das kann ich Ihnen sagen", sagte er und zückte sein Handy, um die Polizei zu rufen.

„Ich weiß ja, es tut mir auch schrecklich leid, aber da war dieses Auto und ich bin so erschrocken, dass ich das Lenkrad rumgerissen habe."

„Wenn Sie glauben, dass Sie das vor den Kosten schützt, dann irren Sie sich gewaltig. Sie haben mich angefahren, egal warum. Im Übrigen habe ich kein anderes Auto gesehen, wie ich Ihnen bereits sagte."

„Ich weiß doch, dass es meine Schuld war. Ich wollte es Ihnen doch nur erklären. Ich ziehe doch nicht aus heiterem Himmel mein Lenkrad rüber!"

Er schnaubte verächtlich und sah auf mein Nummernschild. „Das können Sie ja der Polizei erklären.

Wahrscheinlich waren Sie am Handy, dann kriegen Sie noch eine saftige Anzeige."

Es kostete mich eineinhalb Stunden Zeit, bis die Polizei da war und den Schaden aufgenommen hatte. Zum Glück konnte ich beweisen, dass mein Handy in der Handtasche und nicht eingeschaltet war, doch war es zwecklos, den Grund des Unfalls zu erläutern. Nützte ja auch nichts, denn ich hatte den Schaden nun einmal verursacht. Auch mein Kotflügel war ziemlich verbeult, was mir allerdings im Moment nicht so wichtig war. Die Hauptsache war, dass ich damit fahren konnte, was ich dann auch schleunigst tat. Mein Interessent nicht mehr da war, als ich endlich am Objekt ankam. Leider erreichte ich ihn auch telefonisch nicht. So blieb mir also nichts weiter übrig, als mich wieder auf den Rückweg zu machen. Zuerst jedoch informierte ich noch meine Versicherung, um mir weiteren Ärger vom Hals zu halten.

Als ich schließlich zweieinhalb Stunden später im Büro ankam, traute ich meinen Augen nicht: Anja saß an ihrem Schreibtisch.

Ich sperrte den Mund auf und fand keine Worte. Stattdessen redete sie: „Wo warst du denn so lange? Ich hörte, du hattest einen Termin am Zoo und bist nicht erschienen?"

„Aber Anja, du ... du weißt doch, was passiert ist! Wärst du nicht so nah aufgefahren, hätte ich den Mercedes nicht angefahren."

Clemens, der an seinem Schreibtisch saß blickte verwundert auf. „Was ist passiert?"

Anja sah mich an als sei ich von Sinnen. „Was redest du denn da, wo soll ich dir aufgefahren sein?"

„Na vorhin, auf der Berliner Straße! Wir standen im Stau, erinnerst du dich nicht? Ich wunderte mich nur, warum du diesen alten Golf fuhrst. Und warum du nicht reagiert hast, als ich winkte."

Anja schüttelte den Kopf. „Ich glaube, dir ist die Hitze zu Kopf gestiegen, welcher alte Golf?" Sie deutete auf die andere Straßenseite. „Clemens, habe ich einen anderen Wagen als diesen?"

„Nicht dass ich wüsste. Marlene, wie kommst du denn darauf?" Clemens blickte verwundert aus dem Fenster.

Ich ließ mich auf meinen Stuhl fallen. „Das gibt es doch gar nicht. Anja, du hast mir doch ins Gesicht gesehen. Soll ich mich denn so getäuscht haben?" Ich konnte es einfach nicht glauben. „Anja, erzähl: geht es dir gut? Ich meine, ich habe mir Sorgen gemacht!"

„Sorgen? Aber warum denn das?"

Da Clemens gerade auf dem Weg in die Küche war und Tobias telefonierte flüsterte ich: „Ich meine das, was du mir erzählt hast. Du hattest doch solche Angst."

Anja antwortete laut und deutlich: „Wovor sollte ich denn Angst haben, was ist mit dir los, Marlene? Ich habe mir ein paar Tage Urlaub genommen, mehr nicht. Clemens, ich habe dich doch darüber informiert oder etwa nicht?"

Clemens, der in der linken Hand eine volle Kaffeetasse trug und in der rechten einen Teller balancierte, stellte sein Geschirr ab und sagte: „Ich erinnere mich nicht, aber das scheint mir ja in letzter Zeit häufig so zu gehen."

Verwirrt schüttelte ich den Kopf. Was wurde hier gespielt?

* * *

Wir saßen in einem Café auf dem Römerberg.

„Danke, ich musste einfach unter vier Augen mit dir sprechen."

Anja sah mich verständnisvoll an und legte ihre Hand auf meinen Arm. „Das muss dir vorhin alles sehr komisch vorgekommen sein, dieses Schmierentheater. Ich musste dir diese kleine Komödie vorspielen. Was hätte ich denn in Gegenwart von Clemens tun sollen? Er muss sich in Sicherheit wähnen, das ist wichtig. Ich habe große Sorge, dass er mir sonst etwas antut oder am Ende noch dir! Weißt du, es gibt da Dinge, in die wollte ich dich besser nicht einweihen. Es wird dich schützen, dass du nicht allzu viel weißt. Das ist nämlich der Grund für meine Sorge, ich weiß zu viel. Er hat Angst, dass ich zur Polizei gehen könnte."

„Erstaunlich, du wirkst so … so souverän in seinem Beisein. Ich würde nie darauf kommen, dass du Angst haben könntest."

„Es kostet mich genügend Anstrengung, das kannst du mir glauben."

„Aber hat er denn so schlimme Dinge getan, dass man ihn dafür belangen kann?"

Anja nickte. „Er würde wohl aus dem Gefängnis nicht mehr herauskommen. Ich wollte es dir eigentlich ersparen, doch euer Kennenlernen damals war kein Zufall. Er hatte dich schon eine ganze Weile auf dem Kieker. Hat dich beobachtet, ja sogar verfolgt."

„Woher weißt du das?"

„Er hat es mir erzählt. So, wie er es immer getan hat. Denn er liebte mich, Marlene." Sie beugte sich vor, sah mir fest in die Augen. „Und er tut es noch immer."

Ich erzählte ihr von dem unheimlichen Anruf, den ich kurz nach seinem Besuch erhalten hatte.

Anja wich sämtliche Farbe aus dem Gesicht. „Er hat dich besucht? Dieser Schuft, was wollte er denn?"

Ich druckste herum, wollte ihr nicht sagen, was er über sie gesagt hatte. „Er … er wollte mir einfach sagen, dass er dafür Verständnis hätte, wenn ich nicht länger bei euch bleibe, nach all dem, ich meine, nach dem Mord und so."

Anja nahm sich eine Zigarette, ihre Hand zitterte dabei. „Der Scheißkerl soll dich endlich in Ruhe lassen!"

„Nein, er war nur nett, er war irgendwie sehr nett, ich meine, na gut, nach all dem, was ich weiß, war es mir schon ein wenig unheimlich. Doch irgendwie kann ich kaum glauben, dass er nicht ehrlich zu mir war."

Anjas Blick war hart. „Er ist ein Soziopath, Marlene. Er ist kalt und gefühllos und er geht über Leichen. Das Allerschlimmste ist aber, dass Soziopathen meist hervorragende Schauspieler sind, du merkst ihnen nicht an, dass sie krank sind. Sie wirken oft sogar sehr charmant und anziehend, souverän und vor allem sind sie meist höchst intelligent. Das alles kann man doch von ihm durchaus behaupten, nicht wahr? Sie spielen mit Menschen, nutzen sie ausnahmslos für ihre Belange."

„Das ist ja schrecklich. Du glaubst also, er hat mich angerufen?"

Anja dämpfte ihre Stimme, schließlich sagte sie: „Er will dich verunsichern, will, dass du an dir zweifelst. Das hat er mit allen gemacht, er spielt ein Spiel. Traue ihm nicht, ich kann dich nur warnen."

„Lass uns zur Polizei gehen, Anja. Du sagst doch, du weißt genügend über ihn."

Anja schüttelte den Kopf. „Noch nicht, er soll sich in Sicherheit wiegen, mir fehlt noch ein handfester Beweis.

Wenn ich jedoch irgendwann nicht mehr auftauche, dann gehst du für mich zur Polizei, Marlene."

„Wenngleich meine Tage gezählt sind, ich gehe Ende des Monats."

Anja war verblüfft. „Nicht dein Ernst, so schnell?"

35

27. August 2016

„Hast du alles vorbereitet?“

„Klar, ich bin bereit.“ Viktor presste das Handy fest ans Ohr, um auch ja kein Wort zu verpassen.

„Ok, am Mittwoch also, mach es so, wie du es mit dem Chef besprochen hast.“

„Genau so.“

„Und gib ihr nicht zu viel von dem Zeug. Hast du es griffbereit?“

Viktors Blick ging zum Küchenschrank. „Natürlich.“

„Und achte darauf, dass dich niemand verfolgt.“

„Ist ja nicht mein erstes Mal“, antwortete Viktor genervt.

„Also dann, Mittwoch um neun warte ich am Parkhaus. Viel Spaß mit ihr.“

„Keine Sorge, auf mich ist Verlass.“

In der Leitung klickte es.

Viktor stand auf und nahm sich ein Bier aus dem Kühlschrank. Er war aufgeregt. Endlich tat sich etwas!

36

27. August 2016

Noch vier Tage bis Mittwoch, dann ich hatte es geschafft. *Das kriegst du hin, Marlene. Du kannst ohnehin niemandem mehr helfen.*

Ich ließ mich auf meine Couch fallen. Ich fühlte mich fiebrig und schwach. Jetzt bloß nicht krank werden. Nein, das lag sicher nur an der Hitze. Ich war nicht krank.

Ich wählte die Nummer meiner Eltern. Nach langem Klingeln nahm meine Mutter ab. Es war so tröstlich, ihre Stimme zu hören. Ich sagte ihr, dass ich in ein paar Tagen nach Hause käme. Ich würde ihnen erst dann erklären, dass ich hier meine Zelte abgebrochen hatte. Es beruhigte mich, an meine Familie zu denken und an all den Frieden, den ich von meiner Heimat kannte. Ich freute mich so sehr darauf.

Danach wählte ich Anjas Nummer, doch wie in letzter Zeit üblich meldete sich bloß die Mailbox.

* * *

Das Wochenende war vorüber, überstanden ohne besondere Vorkommnisse, musste man sagen. Niemand hatte mich belästigt, niemand hatte mich angerufen. Es war, als hätte ich mir die Sorgen der letzten Zeit nur eingebildet. Ich hatte viel geschlafen, das hatte ich wohl gebraucht. Nun fühlte ich mich für die letzten beiden Tage in unserem Büro gewappnet.

Als ich ins Büro kam, war mein Schreibtisch leer, keine Arbeit, die auf mich wartete, also fuhr ich den Laptop hoch und sah mir die neuesten Mails an.

Da entdeckte ich die Nachricht im Messenger: **Hallo Marlene, lass uns am Mittwoch, an deinem letzten Abend, in unserer Bar Abschied feiern. Was hältst du davon? Nur wir zwei, wie in alten Zeiten. Liebe Grüße Anja.**

Ich schrieb zurück: **Hey Anja, das klingt toll! Du ahnst ja gar nicht, wie sehr ich mich freue. Nachdem du in letzter Zeit nie Zeit für mich hattest, ist das wahrhaftig eine gelungene Überraschung für mich.**

Kurz darauf kam schon die Antwort: **Super, dann schlage ich vor, dass wir uns um sieben treffen, passt dir das? Ich habe dir viel zu erzählen. Dinge, die man nur seiner besten Freundin erzählt ;)**

Klar passt mir das, bis Mittwoch also.

Das war überraschend. Sie hörte sich an wie früher. Zugleich begann ich zu bereuen, dass ich Hals über Kopf von hier verschwinden wollte. Denn ich hatte mich nicht getäuscht: sie war meine Freundin und würde es bleiben.

* * *

Ich erkannte ihn sofort, er saß gleich neben dem Eingang an der Bar. Ich wollte das Lokal schon wieder verlassen, doch er hatte mich bereits erspäht.

„Sieh an, sieh an, die kleine Kern."

Er trug wie immer seine dunkle Sonnenbrille. Es verunsicherte mich, dass ich seine Augen nicht sehen konnte, doch ich bemühte mich, souverän zu wirken und meine Unsicherheit zu überspielen: „Hallo Herr Wenz, was für ein Zufall, Ihnen ausgerechnet hier zu begegnen."

„Die Welt ist klein, sage ich immer. Nehmen Sie Platz. Ein Glas Prosecco für die Dame bitte", sagte er zur Bedienung und grinste mich an.

„Tut mir leid, Herr Wenz, ich bin aber bereits verabredet."

„Ich weiß, ich weiß, deswegen bin ich sozusagen hier, in Vertretung."

Ich verstand nicht recht. Er schien meine Verwirrung bemerken.

„Ich hatte heute einen Termin mit Frau Malmann", log er. „Sie bat mich, Ihnen auszurichten, dass es etwas später wird, sie steckt mitten in einer Besprechung und hatte keine Gelegenheit mehr, mit Ihnen zu telefonieren. Deswegen dachte ich, ich verkürze Ihnen die Wartezeit und wir plaudern ein wenig." Wieder grinste er und ich sah seine gelben Zähne. Ich ekelte mich vor ihm und wollte dankend ablehnen, doch da kam bereits der Prosecco.

„Kommen Sie schon, nur auf dieses Glas." Er deutete auf den leeren Barhocker neben sich.

Es half nichts, ich musste da durch, also setzte ich mich.

Er prostete mir mit seinem Weinglas zu. „Auf die nächsten Besichtigungen, Frau Kern oder darf ich Marlene sagen? Ein schöner Name übrigens und so selten, man vergisst ihn nicht." Er beugte sich zu mir vor. „Er lässt sich so schön flüstern."

Ein eiskalter Schauer lief mir über den Rücken. „Bitte entschuldigen Sie mich einen Moment", sagte ich und stand auf.

Er lachte. „Die Toiletten sind da vorne, aber das wissen Sie ja sicherlich, so oft wie Sie schon hier waren."

Ich stand vorm Spiegel und schaute mich an. Woher wusste dieser Mann, dass ich mich hier auskannte? Und würde Anja ihm wirklich etwas für mich ausrichten? Das kam mir sehr komisch vor, sie wusste doch, dass er mir nicht geheuer war. Andererseits hatte sie neulich einen Termin mit ihm verpasst. Es war also möglich, dass sie ihn heute nachgeholt hatte und wenn es wirklich eilig war … doch schickte man dann diesen Mann in eine Bar, nur um mir etwas auszurichten? Ich konnte mir einfach keinen Reim daraus machen. Ich zog mein Handy aus der Tasche, wie zu erwarten hatte ich jedoch keine Nachricht erhalten. Was sollte ich jetzt tun, mein Glas austrinken und gehen? Das schien mir das Vernünftigste zu sein. Vielleicht kam Anja ja tatsächlich noch in der Zwischenzeit. Ich wusch mir die Hände und ging zurück zur Bar.

„Sie waren ja ewig weg, wollte schon eine Vermisstenanzeige aufgeben", spottete Wenz, hob sein Glas und prostete mir zu.

Ich trank von meinen Prosecco, hielt mich daran fest.

Mir war schwindelig, ich wollte der Bedienung winken, doch ich schaffte es nicht.

„Geht es Ihnen nicht gut?", hörte ich Wenz fragen. Oder war es jemand anderes, der das wissen wollte?

„Ich muss hier raus", murmelte ich.

Ich schwankte, stolperte, spürte Hände, die mich hielten, schoben, dirigierten. Ich fiel, doch fing man mich auf und führte mich, bis alles dunkel wurde.

* * *

„Da bist du ja endlich!", Tobias stand an seinen Kombi gelehnt und öffnete die Heckklappe.

Viktor stöhnte. „Hilf mir mal, die ist verdammt schwer."

„Ich nehme die Beine. Komm, mit Schwung rein ins Auto. Kriegt sie was mit?"

„Keine Spur, das Zeug wirkt. Die haben im Laden ziemlich blöd geguckt, hab gesagt, sie verträgt keinen Alkohol."

„Perfekt, dann lief ja alles nach Plan." Tobias stieg in den Wagen, Viktor setzte sich auf die Beifahrerseite.

Sie brauchten um diese Zeit keine fünfzehn Minuten bis zur Fabrik. Tobias fuhr bis zu der Stelle, an der das Loch in der Mauer war. Es war jetzt stockfinster und weit und breit war kein Mensch zu sehen.

„Ist der Raum präpariert?"

Plötzlich musste Viktor lachen. „Klar, es ist ein Boden drin, auf den können wir sie werfen und zwei Fässer stehen drin. Und in dem einen Fass schwimmt eine Überraschung."

„Ich bin nicht zu Scherzen aufgelegt. Außerdem hat mich der Chef schon über deine dämliche Überraschung aufgeklärt. Los, trag sie die Treppe runter, du kennst den Weg am besten."

Viktor stöhnte unter der Last. „Wäre schon hilfreich, wenn du mit anfassen könntest."

„Quatsch, wozu hab ich dich denn? Ich muss darauf achten, dass uns niemand folgt. Los, nun mach schon."

Die Tür des Raumes stand offen und Viktor wuchtete den schlaffen Körper auf den Boden. Als er sich mühsam aufrichtete, fühlte er plötzlich den Schlag, der ihn mit aller Härte am Kopf traf, dann stürzte er zu Boden.

Tobias zückte sein Handy. „Alles erledigt. Schlafen beide wie die Murmeltiere. Er ist in Raum zwei … Ja, klar hab ich ihn eingeschlossen. Hab ihn ein bisschen zu hart getroffen. Er hat sich eine ordentliche Platzwunde zugezogen, hoffentlich verblutet er nicht … Also dann, bis später."

37

29. August 2016

„Herr Richter, was führt Sie zu uns, die Einsicht?“ Lutz Weigand stand von seinem Schreibtischstuhl auf und reichte Clemens die Hand.

„Ich frage mich gerade, ob ich nichts Besseres mit meinem Vormittag hätte anfangen können, wenn Sie mich schon so begrüßen, Herr Kommissar. Doch falls sie ein Geständnis erwarten, muss ich Sie leider enttäuschen.“

Hesse, der eben zur Tür hereingekommen war, gab Clemens ebenfalls die Hand. „Jetzt sind wir aber wahrhaftig gespannt, Herr Richter. Wir wollten sowieso mit Ihnen sprechen.“

Weigand deutete auf den Stuhl vor seinem Schreibtisch. „Am besten, Sie setzen sich erst einmal.“ Er zündete sich eine Zigarette an.

Hesse ging automatisch zum Fenster.

„Lass ja zu, ich habe schon einen steifen Nacken von der vielen Lüfterei.“

Clemens nahm Platz. „Hören Sie, ich will es kurz machen. Es geht auch nicht um mich, sondern um unsere neue Mitarbeiterin, Frau Kern. Sie erinnern sich an sie?“

Weigand nickte. „Aber klar, was ist mit ihr?“

„Also, Sie müssen wissen, sie hat uns oder besser gesagt mir gekündigt, was ja nicht wirklich überraschend ist bei dem, was sie in letzter Zeit hier miterleben musste.“

Hesse nickte, sah Weigand vielsagend an, der antwortete: „In der Tat, Herr Richter, in der Tat. Ich verstehe allerdings noch nicht recht, was das mit uns hier zu tun haben soll."

„Es ist so ein Gefühl. Ich erreiche sie nicht. Klar, sie arbeitet jetzt nicht mehr bei mir, sie hatte am Mittwoch ihren letzten Tag, aber ich erreiche sie weder auf ihrem Handy noch in ihrer Wohnung. Ich meine, sie wird doch ihre Wohnung auflösen wollen, zusammenpacken oder irgendetwas. Sie verschwindet doch nicht einfach Hals über Kopf."

Weigand stützte sein Kinn in beide Hände und sah Clemens forschend an. „Wissen Sie, es ehrt Sie natürlich, dass Sie sich Gedanken um Frau Kern machen, doch ich

könnte Ihnen jetzt wahrscheinlich eine ganze Hand voll von Argumenten aus dem Ärmel schütteln, warum Sie, lieber Herr Richter, diese Dame nicht erreichen können. An erster Stelle würde ich sagen: Vielleicht wünscht sie einfach keinen Kontakt mehr zu Ihnen, wäre ihr das wirklich zu verübeln?"

Clemens schüttelte den Kopf. „Nein, nein natürlich nicht." Er stand auf. „Ich hätte mir denken können, dass Sie etwas Ähnliches sagen würden. Das würde ich wohl an Ihrer Stelle auch tun. Es ist nur … wie soll ich sagen? Es ist da so ein Gefühl." Er sah Weigand an und warf hilflos die Hände in die Luft. „Ich könnte wahrscheinlich sagen, was ich wollte, Sie verdächtigen mich ja ohnehin, da mit drinzustecken. Ich wünsche Ihnen noch einen möglichst erfolgreichen Tag."

Mit schnellen Schritten ging er zur Tür, blieb dann jedoch unschlüssig stehen. Schließlich drehte er sich um und kramte dabei in der Brusttasche seines Jacketts.

„Ich weiß nicht, ob es für Sie von Interesse ist." Er zog ein paar Blätter aus der Tasche hervor und ging zurück zum Schreibtisch von Lutz Weigand. „Ich habe diese Aufzeichnungen auf dem Stapel meines jungen Mitarbeiters Tobias Winkel gefunden."

Weigand entfaltete die drei Blätter. Hesse war aufgestanden und sah Weigand über die Schulter.

„Was soll das sein?", fragte Weigand.

„Das sind Grundrisse von stillgelegten Gebäuden der Chemiefabrik Cassella in Fechenheim."

„Und was ist daran so interessant?"

„Wir haben keine Aufträge für dieses Chemiewerk. Ich meine damit, wir haben weder den Auftrag, diese Gebäude zu verkaufen, noch sie zu vermieten. Als ich Herrn Winkel fragte, was es mit diesen Unterlagen auf sich hat, sagte er, er wisse nicht, wie sie auf seinen Schreibtisch gekommen sind. Ich wollte Sie das einfach wissen lassen."

Weigand legte die Stirn in Falten. „Was aber hat das nun mit Frau Kern zu tun?"

„Ich weiß es nicht, aber ist nicht die Leiche von Beate Steinmetz ganz in der Nähe der Fabrik gefunden worden?"

„Das ist etwas zu viel gesagt, Herr Richter. Sie wurde am Rande des Fechenheimer Friedhofes gefunden. Ja, natürlich liegt der auch in der Nähe der Fabrik, aber ich finde es mit Verlaub recht weit hergeholt, dort einen Zusammenhang zu vermuten." Er sah Clemens unverwandt an. „Sie denken, man könnte da gut einen Menschen verschwinden lassen, nicht wahr?"

Clemens hob die Schultern. „Wer weiß … Wissen Sie, ich mache mir große Sorgen um Frau Kern. Ich glaube, dass Sie dringend etwas unternehmen müssen, sonst werde ich das selbst in die Hand nehmen."

„Davon ist Ihnen dringend abzuraten, Herr Richter, bitte stören Sie nicht die Ermittlungen der Polizei."

„Dann unternehmen Sie bitte bald etwas!"

Weigand erhob sich. „Herr Richter, spielen Sie eigentlich Skat?"

Clemens sah ihn verblüfft an. „Ich spiele nie, Herr Kommissar", antwortete er. „Auf Wiedersehen."

„Darf ich fragen, was das sollte? Muss ich mir etwa Sorgen um dich machen, Lutz?", fragte Hesse, sobald Clemens den Raum verlassen hatte.

„Ach was, nein, war nur so ein Gedanke. Ein Unsinn, den mir meine Tochter in den Kopf gesetzt hat, weiter nichts. Vergiss es einfach. Aber mal was anderes, ich glaube nicht, dass Richter lügt."

Da fing das Faxgerät an zu arbeiten. Hesse erhob sich, nahm das Papier an sich und pfiff durch die Zähne.

„Sie mal einer an, was ich da habe."

Weigand sah auf. „Mach's nicht so spannend."

„Kennst du eine gewisse Annette Maler?" Hesse legte ihm das Fax vor die Nase.

Weigand las aufmerksam, nach einer Weile schaute er Hesse an. „Du willst mir wohl meinen Job streitig machen, was? Alle Achtung, Bernd, gute Recherche."

* * *

„Kannst du mal wieder nicht schlafen, Lutz?", fragte Bettina Weigand.

„Tut mir leid. Wenn ich dich störe, gehe ich ins Wohnzimmer."

„Schon gut, willst du reden?"

„Hm, wäre nicht schlecht, wenn du nicht zu müde bist."

Bettina seufzte und setzte sich im Bett auf. „Leg schon los."

„Hm, es geht um die Sache mit dem Maklerbüro. Ich habe dir schon von der jungen Frau Kern erzählt, nicht?"

„Ja, sie hatte solche Angst, sagtest du?"

Weigand nickte. „Vielleicht zu Recht. Heute kam Richter, das ist der Chef der Firma. Ich weiß immer noch nicht, ob er mit drinsteckt. Jedenfalls glaubt er, dieser Kern könne etwas zugestoßen sein."

„Wie kommt er denn darauf?"

„Er erreicht sie nicht. Dabei hat sie gekündigt und ich könnte mir durchaus vorstellen, dass sie nicht erreichbar sein will. Aber er sagt, er habe da so ein Gefühl. Auf dem Schreibtisch seines jungen Mitarbeiters, übrigens ein schräger Vogel, lagen dubiose Unterlagen über ein stillgelegtes Fabrikgebäude in Fechenheim. Richter kann sich keinen Reim darauf machen, wie die da hingekommen sind. Die haben mit dieser Fabrik nämlich gar nichts zu tun."

„Hört sich für mich ganz so an, als solltest du dem ‚schrägen Vogel' mal auf den Zahn fühlen." Bettina gähnte.

Weigand beugte sich zu ihr und küsste sie. „Ich denke auch. Schlaf erst mal, gute Nacht, und danke für dein Ohr." Ganz leise fügte er hinzu: „Das wimmelt dort nur so von schrägen Vögeln" Doch Bettina war längst wieder eingeschlafen.

38

Gefangen

Das Brot hatte mich nachhaltig gestärkt und auch wenn ich mich krank fühlte, – sicher musste ich dringend ins Krankenhaus – so war ich doch etwas stabiler als in den Tagen zuvor. Noch würde ich nicht aufhören zu kämpfen. Ich hatte nicht gewusst, wie stark mein Überlebenswille war. Ich würde nicht kampflos das Feld räumen. Niemals!

Da waren sie wieder, die Geräusche, die mir zeigten, dass ich nicht alleine war. Viel leiser als zuvor oder kam es mir nur so vor? Konnte ich meinen Ohren noch trauen?. Ich schrie so laut ich konnte: „Hallo! Hallo, wer ist denn da? Ich bin hier eingesperrt! Hilfe!"

Die Geräusche waren verstummt; jemand hatte mich gehört. Eigentlich dumm, dass ich um Hilfe rief, wo ich doch im Gegenzug diese Morsezeichen hörte, die mit ziemlicher Wahrscheinlichkeit bedeuteten, dass sich hier noch jemand in einer Notlage befand. Ich konnte also gewiss nicht mit Hilfe rechnen, doch das war mir ganz egal. Hauptsache, man hatte mich gehört.

Wieder rief ich: „Bitte helfen Sie mir! So antworten Sie doch, wenn Sie mich hören!"

Es blieb still. Mir stiegen die Tränen in die Augen. Was um alles in der Welt geschah hier mit uns? Wozu sperrte man uns ein, mich ein? Was hatte ich verbrochen, warum hatte ich Clemens nur kennenlernen müssen? War er geisteskrank?

So langsam kehrte meine Erinnerung zurück. Und nun sah ich in aller Klarheit die letzten Minuten bis zu meinem Blackout vor mir. Da war dieser Niklas Wenz gewesen, er hatte mich in ein Gespräch verwickelt, während ich auf Anja gewartet hatte. Oh mein Gott, jetzt war es mir klar. Das Glas Prosecco! Ich hatte es stehen gelassen, als ich zu den Toiletten gegangen war. Wenz musste mir etwas ins Glas getan haben, wie sollte es anders gewesen sein? Er hatte gewartet, bis ich halbwegs weggetreten war und mich dann verschleppt. Wie war er unbemerkt mit mir an all den Leuten vorbeigekommen? Er hatte vermutlich gesagt, dass ich zu viel getrunken habe oder etwas ähnliches. Was sollte er sonst gemacht haben? Er hatte mich also herausgeschafft und dann vermutlich hierher gebracht.

Plötzlich überkam mich ein Hoffnungsschimmer. Clemens konnte völlig unschuldig sein! Ich hatte doch mehrfach mit ihm über Wenz gesprochen. Er kannte ihn nicht, war es nicht so? Auf der anderen Seite würde er mir gewiss etwas vorgespielt haben, wenn er ein gewiefter Mörder war. Ich legte mein Gesicht in meine Hände. Was war das nur für ein verworrenes Spiel, in das ich da hineingeraten war?

Ein schrecklicher Gedanke durchfuhr mich. Hatte dieser Wenz sich an mir vergangen? Nein. Nein, das glaubte ich nicht, wenngleich es ihm zuzutrauen war. Sicher würde er aber nicht mehr allzu lange zögern, es zu tun.

Ich dachte an die Tote in dem Fass. Wenn es nicht Anja war, wer war es dann? Und was hatte diese Person wohl vor ihrem Tod durchleiden müssen? Kein Zweifel, etwas Ähnliches stand mir bevor. Noch einmal schrie ich aus Leibeskräften, egal wer damit auf mich aufmerksam werden würde: „Hilfe! Ich brauche Hilfe! Wenn Sie mich hören, dann rufen Sie die Polizei. Schnell, es geht um Leben und Tod! Hier ist eine Leiche im Fass! Hilfe!"

Ich hörte nicht das geringste Geräusch. Es war zwecklos. Wenn überhaupt, hatte ich meinen Peiniger nur wütender gemacht. Er würde sich nicht scheuen, mir für immer das Maul zu stopfen, da war ich mir absolut sicher. Doch nun hatte ich alles versucht. Ich würde warten müssen, mir musste unbedingt etwas einfallen.

* * *

Ich musste tief eingeschlafen sein, denn als ich mich aufrichtete, wusste ich nicht einmal, wo ich mich befand. Erst die Schmerzen in meinen Gliedern machten mir meine missliche Lage bewusst. Ich streckte mich so gut es ging – und dann hörte ich Schritte. Es waren eilige Schritte, leiser als die üblichen, die ich bereits kannte, vorsichtiger. An meiner Tür verharrte jemand, das spürte ich deutlich.

Dann ganz plötzlich hörte ich eine mir wohlbekannte Stimme: „Marlene, bist du da drin? Kannst du mich hören? Hab keine Angst, ich hole dich da raus."

„Clemens? Clemens, bist du das?" Ich begann heftig zu weinen. „Clemens?!"

„Ja, sei leise, ich hole dich da raus."

Ich hörte, wie er sich an dem Schloss zu schaffen machte. Ich stütze mich mit den verbundenen Händen ab, um aufzustehen, zitterte jedoch so heftig, dass es mir misslang.

„Clemens, bitte beeil dich“, flehte ich. Er war hier, um mir zu helfen! Ich wusste es, ich hatte mich nicht in ihm getäuscht! Gott sei Dank!

Es knackte mehrfach, schließlich sprang die Tür auf und das Licht einer Taschenlampe erhellte den Raum. Clemens stürzte herein und kniete sich neben mich. Ich ließ mich in seine Arme sinken und weinte hemmungslos.

Er küsste mich auf die Stirn, streichelte mich und hielt mich ganz fest. Als ich mich langsam zu beruhigen begann, zog er mich sanft auf die Beine.

Ich hielt ihm meine gefesselten Hände hin. „Bitte nimm mir das ab.“

„Wir müssen hier dringend verschwinden, Marlene. Es wird nicht mehr lange dauern, bis sie uns suchen. Wir machen das später. Stütz dich auf mich und komm, schnell!“

„Wer sind sie? Wen meinst du denn nur mit sie. Ich weiß, dass es dieser Wenz war, Clemens. Er hat mir was …“

„Wir haben keine Zeit, komm schnell, lass uns hier endlich verschwinden.“

Erst jetzt wurde mir klar, wie kraftlos ich war. Ich konnte kaum einen Schritt vor den anderen setzen, Clemens trug mich halb, was wegen der gefesselten Hände äußerst beschwerlich war.

„Da … da ist noch jemand anderes, Clemens“, sagte ich keuchend.

„Wie meinst du das?“, flüsterte er.

„Jemand ist in Not, hier ganz in der Nähe. Er hat mir Zeichen gegeben. Und das Fass! Clemens, da in dem Fass, da ist …“

„Komm erst mal weiter.“ Er schob mich vor sich her, während er aufpasste, dass ich nicht hinfiel.

„Aber wir müssen helfen! Hier ist noch jemand in Not und …“

„Marlene!“, rief eine Stimme nicht weit hinter uns. „Marlene lauf, Clemens ist hier, er darf dich nicht zu fassen kriegen. Ich bin es, Anja, ich helfe dir, komm zu mir.“

Ich versteifte mich. Clemens keuchte und wir fielen zu Boden: „Komm weiter Marlene, traue ihr nicht. Schnell, lass uns verschwinden!“

Deshalb hatte er mir die Fessel nicht abgenommen, schoss es mir durch den Kopf.

Wieder rief Anja, wir konnten jetzt ihre Schritte deutlich hören. Clemens hielt mir den Mund zu. „Trau ihr nicht, Marlene, sie ist verrückt, das musst du mir glauben! Du hast es mit einer Wahnsinnigen zu tun!“

Mir war schwindelig und ich hatte entsetzliche Angst. Ich schnaufte und versuchte, seine Hand von meinem Mund zu reißen, doch er war viel stärker als ich. Ich versuchte zu treten, doch er zog mich beharrlich mit sich. Ich wusste, dass ich nicht mehr lange bei Bewusstsein bleiben würde. Mir fehlte einfach die Kraft, mich zu wehren. Ich konnte nichts tun, meine Glieder waren bleischwer, und so ergab ich mich meinem Schicksal.

39

30. August 2016

Es war warm und weich. Das war das erste, das ich wahrnahm als ich erwachte. War ich bereits im Himmel? Ich streckte meine Arme aus. Die Fessel war fort, aber meine Handgelenke schmerzten noch. Ich blinzelte. Kein Zweifel, ich lag in einem Bett. Doch wo war ich? Ich hob den Kopf, was mich sehr anstrengte, so erschöpft wie ich war. Es war kein Krankenhauszimmer, das stand fest. Die Vorhänge waren zugezogen und ich erkannte bloß die schemenhaften Umrisse des kleinen Raums. An einer Wand sah ich die Umrisse eines Kleiderschranks, neben meinem Bett stand ein Stuhl. Am Kopfende stand ein Nachtschränkchen, vollgepackt mit Medikamenten und einem Glas Wasser. Gerade wollte ich nach dem Glas greifen und meinen quälenden Durst stillen, da wurde die Tür geöffnet.

„Hallo Schatz, du bist ja wach. Du hast ewig geschlafen."

„Anja! Wie … wo bin ich und wie bin ich hierhergekommen?"

Anja streichelte mir zärtlich über die Wange. „Das ist eine lange Geschichte und sie würde dich allzu sehr anstrengen. Ich erzähle dir das alles, wenn es dir besser geht."

Sie reichte mir einen Teller Rührei. Es duftete köstlich und mich überkam der schlimmste Hunger, den ich je in meinem Leben verspürt hatte.

„Ja, iss erst mal, du bist total ausgemergelt, du Ärmste."

Gierig stopfte ich das Ei in mich hinein. Ich schluckte kaum, so schnell aß ich.

Anja lachte. „Langsam, du wirst noch ersticken."

Während ich kaute fragte ich erneut: „Wo bin ich?"

„Iss erst mal auf, ich erkläre dir das später. Wichtig ist, dass du in Sicherheit bist." Sie reichte mir mein Glas und ich schluckte eine große Portion Ei mit dem Wasser hinunter. Ich hustete, was mich allerdings nicht davon abhielt, mir gleich darauf eine dicke Scheibe Brot zu nehmen. Ich wusste gar nicht, dass ich solch große Bissen in meinen Mund stecken konnte. Wieder hustete ich.

Anja klopfte mir sanft auf den Rücken. „Langsam, damit du dich nicht erbrichst. Du musst deinem Körper Zeit geben. Er ist nicht gewohnt, so viel zu sich zu nehmen, Schatz."

Wieder sah ich sie an. „Was ist passiert, Anja? Jetzt sag mir doch, was passiert ist! Da war dieses Fass und ich dachte zuerst ..." Ich fing an zu weinen. „Ich dachte, du wärst die Tote darin. Wo ist Clemens? Und wie bin ich hierhergekommen?" Ich sah mich erneut im Raum um, der mir völlig fremd war. „Ist das deine Wohnung?"

„Nein, aber hier bist du sicher vor Clemens."

Clemens. Wieso war er nicht hier? Was war geschehen?

Anja schien meine Gedanken gelesen zu haben: „Wie ich schon sagte, ich erkläre dir das alles später, wenn es dir besser geht. Jetzt erhol dich erst einmal. Aufregung ist jetzt nicht gut für dich." Sie legte mir eine Tablette in die Hand und gab mir erneut das Wasserglas. „Hier, schluck die hinunter." Sie strich mir liebevoll eine Haarsträhne aus dem Gesicht.

Ich protestierte: „Ich muss dir noch so viel sagen, Anja. Es ist wichtig, du musst die Polizei informieren. Bitte Anja, da ist noch eine weitere Person in Not, ich habe da diese Zeichen bekommen ..."

„Oh Schatz, du redest so verworren, mach dir nicht so viele Gedanken. Die Polizei kümmert sich um alles, jetzt schlaf erst mal."

40

1. September 2016

Anja hatte sich gerade eine Tasse Kaffee gemacht und setzte sich nun zu Tobias, um mit ihm die Aufträge der nächsten Stunden zu besprechen, da öffnete sich die Tür und Kommissar Weigand kam mit seinem Kollegen Hesse herein.

„Guten Morgen Frau Malmann. Schön, Sie anzutreffen, so früh am Morgen", Weigand gab erst Anja, dann Tobias die Hand. Hesse tat es ihm gleich.

„Tja, Sie wissen ja, Morgenstund' hat Gold im Mund."

„Wir wollten uns kurz mit Herrn Richter unterhalten, Frau Malmann."

„Da kann ich Ihnen nicht weiterhelfen, er ist leider nicht hier. Haben Sie es auf seinem Handy versucht?"

Weigand nickte. „Leider ohne Erfolg."

„Nun, ich habe wirklich keine Ahnung wo er steckt und wann er zurückkommt."

Weigand schmunzelte. „Könnte einem wirklich zu denken geben, wie bei Ihnen die Leute verschwinden, um dann plötzlich wieder aufzutauchen oder auch nicht. Stört Sie das nicht?"

Anja sah Weigand lächelnd an. „Herr Kommissar, was soll ich sagen, ich bin es seit einiger Zeit nicht anders gewöhnt."

Weigand sagte etwas zu Hesse, der Unterlagen auf den Schreibtisch von Tobias Winkel legte. „Sind das Ihre?"

Winkel schaute erstaunt auf die Grundrisse, sah sich jedes Blatt sorgfältig an und sagte dann: „Das sind Grundrisse der Frankfurter Chemiefabrik in Fechenheim. Nein, wie kommen Sie darauf, dass das meine sind? Ich sehe sie zum ersten Mal."

Weigand nickte. „Und da sind Sie sich ganz sicher?"

„Natürlich. Anja, weißt du etwas davon?"

Anja wirkte völlig erstaunt. „Was sollen wir denn mit einer Chemiefabrik zu tun haben?"

Hesse lenkte ein: „Das hat sich Herr Richter auch gefragt. Er hat diese Unterlagen nämlich auf Ihrem Schreibtisch gefunden, Herr Winkel. Immerhin ein gespenstischer Ort, nicht wahr? Soviel wir wissen, gibt es dort einige leer stehende Gebäude."

Tobias fing an zu lachen. „Auf meinem Schreibtisch? Das ist ja lächerlich! Das sollte ich doch zumindest wissen, denken Sie nicht?"

„Das wäre durchaus anzunehmen, Herr Winkel."

„Meine Güte, was hat sich Clemens denn da schon wieder ausgedacht? Herr Kommissar, mein Kollege", mischte sich Anja ein und deutete auf Tobias, „ist ein Mann, der bewiesen hat, dass man sich durch und durch auf ihn verlassen kann – was ich in letzter Zeit von Herrn Richter beileibe nicht behaupten kann."

„Gut, da Sie mit den Unterlagen ja wohl nicht viel zu tun haben, werde ich sie wieder einstecken. Ein interessanter Ort für einen kleinen Ausflug, nicht wahr Bernd?"

Hesse nickte. „Interessante Location, was man dort wohl so alles findet?"

„Ich hoffe, Sie finden vor allem Marlene bald, Herr Kommissar. Ich mache mir große Sorgen um sie", sagte Anja Malmann.

„Wir machen uns alle Sorgen, Herr Kommissar“, ergänzte Tobias. „So eine nette junge Frau, hoffentlich ist ihr nichts zugestoßen.“

„Das hoffen wir doch alle sehr, sie hatte da wohl in letzter Zeit einige berechtigte Ängste. Tja, wann immer Ihnen etwas einfällt, und sei es in Ihren Augen auch noch so unerheblich, lassen Sie es uns wissen. Auf bald.“ Weigand nickte noch einmal kurz und verließ dann mit Hesse das Büro.

„Weißt du, eigentlich wollte ich mir mit Julia mal einen Termin für eine Wohnungsbesichtigung machen. Seit ich von dem Maklerbüro erzählt habe, ist sie Feuer und Flamme. Aber heute ist mir endgültig die Lust vergangen. Das wird ja immer dubioser“, sagte Hesse als sie ins Auto stiegen.

Weigand nickte. „Sehe ich ähnlich.“

41

1. September 2016

Ich erwachte aus einem traumlosen Schlaf. Ich öffnete die Augen und blickte mich um. Die schweren zugezogenen Vorhänge ließen kaum Licht ins Zimmer. Jetzt fiel es mir ein, Anja hatte mich hergebracht und versorgt. Aber ich hatte noch immer keine Ahnung, wie ich hier hergekommen war.

„Anja? Bist du hier?"

Mühevoll erhob ich mich und ging taumelnd zum Fenster. Mein Schädel pochte dumpf und fühlte sich an, als hätte ich gestern Unmengen Alkohol zu mir genommen. Ich schob den Vorhang ein wenig zur Seite, konnte allerdings nicht aus dem Fenster sehen, da die Scheibe mit einer Folie verklebt war. Ich versuchte, den Fensterknauf zu drehen, doch der rührte sich nicht. Merkwürdig. Ich lief zur Tür. Auch sie war verschlossen.

„Anja, kannst du mir bitte die Tür öffnen? Ich muss zur Toilette", rief ich. Ich wartete einige Sekunden, dann klopfte ich gegen die Tür. „Anja!"

Als sich draußen niemand rührte, hämmerte ich laut mit meinen Fäusten dagegen. Das durfte doch nicht wahr sein, ich war schon wieder eingesperrt! Jetzt trat ich gegen die Tür, wenngleich das wohl keinen Unterschied machen würde. „Lass mich hier raus!", schrie ich.

Ich sah mich um. Vielleicht gab es hier einen Gegenstand, der mir hilfreich sein konnte, vielleicht konnte ich ein Loch in die Tür schlagen. Doch hier gab es nichts. Nicht einmal das Glas, aus dem ich getrunken hatte. Das hatte ich doch, oder? Und war da nicht ein Stuhl neben dem Bett gewesen? Ich musste mich wohl getäuscht haben. Nein, es gab nichts, womit ich einen Schaden hätte anrichten können, nicht einmal meine Schuhe konnte ich finden. Ich war so angestrengt vom lauten Rufen, dass ich mich dringend setzen musste, und so ging ich zurück zum Bett.

Das alles musste logisch zu erklären sein. Ich war doch jetzt endlich in Sicherheit, ich musste ruhig bleiben. Anja war da, sicher war sie nur kurz weggegangen. Vor meinen Augen drehte sich alles, dann fühlte ich plötzlich nichts mehr.

* * *

„Marlene, du musst endlich aufwachen, es ist schon dunkel."

Eine zarte Hand streichelte meine Wange. Ich öffnete die Augen und sah Anja, erst unscharf, doch schließlich erkannte ich sie. Ich wollte mich aufrichten. „Anja, warum hast du mich hier eingeschlossen?"

„Ich soll dich eingeschlossen haben? Aber Marlene, wieso sollte ich das tun? Ja sicher, ich habe die Haustür abgeschlossen, schließlich soll er dich ja nicht finden. Doch mach dir keine Sorgen, er wird nie darauf kommen, wo du bist."

Ich sah sie ungläubig an. „Ich habe dich gerufen, Anja, weil ich zur Toilette musste, doch die Zimmertür war verschlossen."

„Schatz, keine Angst, dass musst du geträumt haben. Komm, ich begleite dich zur Toilette."

„Aber ich habe ja nicht einmal Schuhe", sagte ich.

„Nimm doch diese hier", antwortete sie und hielt mir meine Schuhe vors Gesicht.

„Das ist ja … das ist eigentümlich. Ich habe sie überall gesucht." Plötzlich stutzte ich: „Wie kommen die denn eigentlich hierher? Ich habe in meinem Gefängnis doch gar keine angehabt."

„Ich war so frei, in deiner Wohnung ein paar Sachen für dich zu holen."

Ich nickte.

„Meine Wohnung. Kannst du mich bitte dorthin bringen? Ich wäre jetzt lieber zuhause. Ich meine, ich komme schon zurecht, ich muss jetzt einfach nur nach Hause gehen."

„Das kannst du auch in ein paar Tagen, doch nicht jetzt. Da wird er dich als erstes suchen. Das denken auch Weigand und Hesse, sie beobachten dein Haus."

Ich machte große Augen. „Wirklich? Verdächtigen sie ihn, ich meine, verdächtigen sie Clemens?"

„Sieht ganz so aus, als hätte er sich jede Menge Unannehmlichkeiten eingehandelt. Mach dir keine Sorgen deswegen, Marlene, die haben das im Griff. Und jetzt gehen wir gemeinsam zum Bad, dann kannst du dich frischmachen. Ich habe dir etwas zu essen und zu trinken vorbereitet, damit du zu Kräften kommst."

„Wo bin ich hier überhaupt?", fragte ich, während sie ihren Arm stützend um meine Taille legte und mich fürsorglich zum Badezimmer begleitete.

„Eine Wohnung, die ich in ein paar Tagen möbliert vermiete. Die Lage ist uninteressant. Du wirst sie nicht kennen. Wie gesagt, in ein paar Tagen kannst du zurück, überlass alles weitere einfach der Polizei und verlass dich auf mich.

„Kann ich wenigstens einmal schnell meine Eltern anrufen? Sie machen sich gewiss furchtbare Sorgen um mich."

Anja schüttelte den Kopf. „Wie soll ich dir das richtig erklären ... Das hier ist für dich so etwas wie das sichere Haus. Niemand soll erfahren, wo du bist, dann wird auch niemand dich hier finden, verstehst du? Ich werde deine Eltern informieren. Von meiner Wohnung aus, ist das für dich in Ordnung?"

„Danke", murmelte ich und schloss die Badezimmertür.

Als mir das warme Wasser der Dusche über Kopf und Körper lief, wurde mir zum ersten Mal bewusst, wie lange ich mich nicht mehr gewaschen hatte. Ich seifte mich wieder und wieder ein, so als könne ich die seelischen Qualen und die schrecklichen Gerüche für immer damit fortwaschen.

Nachdem ich mich mühsam abgetrocknet hatte, wagte ich einen Blick in den Spiegel. Das, was ich dort sah, entsetzte mich: Den ausgemergelten Körper konnte ich kaum als den meinen identifizieren. Und was war aus dem hübschen Gesicht geworden, das ich einmal gehabt hatte? Ich wirkte um Jahre gealtert. Tiefe Sorgenfalten zerfurchten mein Gesicht und die unnatürliche Blässe erinnerte mich an die Figuren eines Gruselkabinetts. Ich musste unglaublich viel Gewicht verloren haben, Ich brauchte ärztliche Hilfe, so schnell wie möglich. Das Gefühl von Gefahr breitete sich mehr und mehr in mir aus. Was führte Anja im Schilde? Warum half sie mir nicht? Mein Kopf schmerzte, ich massierte meine Schläfen. Anja hatte nicht vor mir zu helfen, vor dieser Tatsache durfte ich die Augen nicht länger verschließen. Sie würde mich langsam zu Grunde gehen lassen, wenn ich keinen Weg fand, hier rauszukommen. Doch durfte sie keinen Verdacht schöpfen. Ich musste sie in dem Glauben lassen, dass ich ihr vertraute.

Nachdem ich die Badezimmertür geöffnet hatte, nahm ich den unwiderstehlichen Duft einer würzigen Suppe wahr.

Anja eilte mir entgegen und begleitete mich zu meinem Bett: „Mach es dir erst einmal bequem."

Sie schüttelte meine Kissen auf und legte sie für mich als Rückenstütze zurecht. Dann schob sie vorsichtig das volle Tablett auf meinen Schoß. Neben dem warmen Teller mit einer schmackhaften Gulaschsuppe stand ein Brotkorb und ein Glas mit frischgepresstem Orangensaft. Daneben lagen ein paar bunte Tabletten.

„Smarties?", fragte ich und lächelte.

„Schön, dass dein Humor langsam zurückkehrt. Es sind wichtige Vitamine. Du brauchst sie wie das Essen, damit du wieder gesund wirst. Lass es dir schmecken."

Dieses Mal ließ ich mir mehr Zeit für das köstliche Essen, doch aß ich alles auf und tunkte mit dem Brot immer wieder in die Suppe.

„Ich kann schon beinahe wieder Bäume ausreißen", sagte ich.

„Na, sagen wir kleine Ästchen. Hier, nimm deine Tabletten." Sie gab mir die Pillen in die Hand und reichte mir dazu den Orangensaft.

Ich schluckte alles auf einmal hinunter, wenngleich ich ein ungutes Gefühl dabei hatte. Nachdem sie das Tablett weggetragen hatte, machte Anja sich daran, die Kissen zu entfernen, sodass ich bequem liegen konnte.

„Wie bin ich denn nun hierhergekommen?“.

„Das erzähle ich dir beim nächsten Mal. Nun schlaf erst mal. Wir sehen uns morgen früh.“ Sie küsste mich auf beide Wangen, dann wurde alles dunkel um mich.

42

6. September 2016

Es war fünf Uhr nachmittags, als Anja sich von Tobias verabschiedete: „Ich habe noch etwas zu erledigen. Geh bitte nicht zu früh und vergiss nicht abzuschließen."

Tobias nickte. „Keine Sorge, Chef, kannst dich wie immer auf mich verlassen."

In letzter Zeit war Tobias oft der letzte im Büro und er genoss das. So konnte er sich in Ruhe seinen Plänen widmen und niemand schaute ihm über die Schulter. Zudem war es durch die Sommerferien ungewöhnlich ruhig, viel zu wenige Immobilienanfragen. Würde das so weitergehen, konnten sich seine Chefs bald um einen neuen Job bewerben – und nicht nur seine Chefs, er auch, obwohl er ja einen einträglichen Nebenjob hatte, zumindest im Moment. Er grinste. Er genoss es, seine kriminelle Ader auszuleben, sie verschaffte ihm den Kick, den er zum Leben brauchte.

Er würde heute nur noch etwas aufräumen; Dinge, die niemanden etwas angingen, in seiner Schublade verstauen, natürlich unter Verschluss. Ein solches Missgeschick wie das mit den Fabrikgrundrissen konnte ihn Kopf und Kragen kosten. Was hatte er sich nur dabei gedacht? Auch wenn er vermutete, dass die beiden Kommissare nur blufften, zumindest vorerst. Und Marlene würden sie dort ja glücklicherweise nicht mehr antreffen.

Er sah auf die Uhr. Kurz vor sechs. Das war völlig in Ordnung. Er schnappte sich seine Aktentasche und die Schlüssel und verließ das Büro.

„Schön, dass wir Sie alleine antreffen, Herr Winkel."

Tobias zuckte zusammen und drehte sich um. Das hatte ihm gerade noch gefehlt, Weigand und Hesse standen vor der Tür.

„'n Abend die Herren, immer noch keinen Feierabend? Kann ich etwas für sie tun?"

„Das können Sie in der Tat. Wir müssen Sie bitten, uns zu begleiten, Herr Winkel."

„Im Normalfall sehr gerne, heute bin ich leider zu müde. Vielleicht können Sie morgen noch einmal vorbeikommen, ich muss jetzt erst mal nach Hause."

„Ich fürchte Sie verstehen mich nicht", sagte Weigand. „Ich wollte höflich sein, kann ich mich jedoch auch anders ausdrücken: Sie kommen jetzt mit uns mit."

„Darf ich wenigstens noch die Chefin anrufen?", fragte Tobias.

„Die nun gerade gar nicht, Herr Winkel. Sie muss auch nicht alles wissen."

Weigand und Hesse nahmen Winkel in die Mitte und brachten ihn zu ihrem Dienstwagen.

„Das sollten Sie mir jetzt aber bitte mal erklären, was wollen Sie denn von mir?"

„Sagen wir mal so, wir sind uns sicher, dass Sie uns bei der Suche einiger vermisster Personen hilfreich sein können."

Tobias lachte bitter. „Soso, na, wenn Sie das glauben! Wollen Sie mich etwa verarschen?"

Hesse hatte mittlerweile die hintere Tür des Einsatzfahrzeugs geöffnet und drückte Winkel unsanft hinein.

„Verarschen, wie Sie das nennen, fällt eher in Ihr Fachgebiet, Winkel. Mal sehen, was Ihnen gleich alles einfällt."

Winkel versuchte locker zu bleiben: „Okay, okay, an dieser Stelle sollte ich wohl erwähnen, dass ich nichts ohne meinen Anwalt sage, so wie im Film, nicht? Da ich aber als unbescholtener Mensch keinen Anwalt habe, weil ich mir nämlich nichts, meine Herren, zu Schulden habe kommen lassen, müsste ich mir jetzt erst einmal einen Anwalt suchen. Das erspare ich mir dann doch lieber, denn wie gesagt, ich habe nichts zu verheimlichen."

„Prima, Herr Winkel, das freut uns sehr, erspart uns viel Arbeit. Wir sind sicher, Sie werden nachher wie von selbst den leisesten Verdacht Ihnen gegenüber von sich weisen können. Deshalb keine Sorge, bringen wir es einfach hinter uns." Weigand steuerte den Wagen in Richtung Alte Oper.

„Wo wollen wir denn eigentlich hin?"

„Lassen Sie sich überraschen."

Als der Wagen Richtung Polizeipräsidium und von dort über die Miquelallee Richtung Osten fuhr, wurde es Tobias langsam mulmig und er verfluchte sich heimlich für seine Unachtsamkeit. Es war trotz der Sommerferien viel Verkehr an diesem Abend und so ging es nur schleppend voran.

Eine Chance, einzulenken, dachte Tobias. „Hören Sie, ich nehme an, es geht um den Grundriss der Cassella Fabrikgebäude. Ich hatte es bewusst vor Frau Malmann nicht erwähnt, denn ich wollte sie überraschen. Dort wird in Kürze ein neuer Wohnkomplex entstehen und ich wollte mir die Vorrechte dafür sichern, diesen Komplex exklusiv anzubieten. Ich wollte der Firma auf die Sprünge helfen, verstehen Sie?"

Weigand grinste, als er ihn im Rückspiegel ansah. „Interessante Sache, wird aber wohl noch einige Jahre dauern nicht wahr?" Dann sah er Hesse an. „Hast du schon einmal davon gehört, dass man Wohngebiet direkt auf einem Fabrikgelände anbietet?"

„Klingt ziemlich abgefahren."

„Sie wissen aber doch, Herr Kommissar, der frühe Vogel fängt den Wurm, nicht?"

„Genau deswegen sind wir heute Abend bei Ihnen, Herr Winkel."

„Kann ich wenigstens meine Kollegin anrufen?", fragte Tobias.

„Nicht nötig, das schaffen wir auch alleine. Spielen Sie eigentlich Skat?"

„Oh ja, liebend gerne, wollen wir mal?"

Weigand zündete sich eine Zigarette an. „Wenn mich nicht alles täuscht, dann werden Sie dazu sehr bald viel Zeit haben, Herr Winkel."

„Wenn er das noch erlebt", meckerte Hesse und kurbelte hustend die Scheibe runter.

43

6. September 2016

Ich fühlte mich so schrecklich schwach, alles drehte sich und ich hatte das Gefühl, dass es mir deutlich schlechter ging, obwohl ich gut umsorgt wurde. Nur schemenhaft erkannte ich die Gestalt, die an meinem Bett saß. Es musste Anja sein, wer auch sonst?

„Komm her, Schatz, du musst essen und vor allem etwas trinken. Sieh mal, ich habe dir einen Vitamincocktail gemacht."

Sie hielt mir ein Glas mit einer ziemlich gelben Flüssigkeit vor die Nase.

„Bitte nicht, Anja", stöhnte ich. „Es würde nicht bei mir bleiben. Ich glaube, du solltest einen Arzt rufen."

„Nein, nein Schatz, das kriegen wir auch so hin. Glaube mir, es ist zu gefährlich. Wer weiß, ob ich beobachtet werde."

„Aber Anja, ich denke, die Polizei weiß Bescheid", wandte ich ein, und es kostete mich ungeheure Anstrengung, mich zu konzentrieren.

„Na klar, wissen sie ja auch. Doch sie baten mich, niemanden, und ich meine wirklich niemanden, zu dir zu lassen."

„Ich habe mich aber noch nie so schwach gefühlt, Anja, glaub mir. Ich kann vielleicht nicht mehr lange durchhalten."

„Rede nicht so viel, trink das jetzt", sagte sie streng und hielt mir das Glas mit einem Strohhalm vor die

Lippen. Ich gehorchte und trank, dann sackte ich auf mein Kissen zurück.

44

6. September 2016

„Immer nach Ihnen“, sagte Weigand, als sie sich am Haupteingang des Fabrikgeländes ausgewiesen hatten und nun in Richtung der leer stehenden Gebäude unterwegs waren.

„Woher soll ich denn wissen, wohin wir gehen müssen?“

„Sie hatten doch die Pläne auf Ihrem Tisch liegen, da sollten Sie doch wissen, wo die Gebäude liegen oder täusche ich mich da?“, fragte Hesse, der auf das Blatt mit dem Grundriss schaute, während er versuchte sich zu orientieren. „Wir hätten an der Pforte fragen sollen.“

„Ach Unsinn, Herr Winkel kennt sich hier bestens aus, nicht wahr?“ Weigand klopfte Tobias auf die Schulter. „Kommen Sie, kommen Sie, wir wollen hier nicht übernachten.“

Winkel lachte bitter. „Ich habe keine Ahnung, warum Sie glauben, dass mit mir machen zu müssen. Statt dass Sie nach Richter suchen.“

„Das tun wir ja, Herr Winkel, mit Ihrer Hilfe.“

Sie betraten das leerstehende Gebäude. Tobias blieb unschlüssig stehen.

„Immer nach Ihnen, Herr Winkel, Raum für Raum, Sie haben doch die Pläne studiert oder etwa nicht? Führen sie uns in den Keller, na los.“ Weigand hatte wie Hesse seine Walther PPK gezückt.

„Ich glaube, wir müssen in diese Richtung", sagte Tobias, auf einmal deutlich verunsichert.

„Sieh an, Winkel, geht doch. Los, weiter", trieb Weigand den Mann an.

„Alles leer", stellte Hesse fest, der mit einer Halogenlampe jeden Raum beleuchtete.

„Abwarten, ich bin sicher, wir werden fündig", meinte Weigand und schob Winkel vorwärts. „Los, da hinunter jetzt." Sie stiegen eine steile Treppe hinunter, die ins Dunkel führte.

„Sind wohl ehemalige Lagerräume, was denken Sie, Winkel?"

„Ja, Herr Kommissar, das war ein großes Lager, ganz recht."

Sie machten Halt vor dem ersten Raum.

„Sieh an, sieh an, die Tür wurde aufgebrochen." Hesse leuchtete auf die zerbrochene Verriegelung. „Sieht ziemlich neuwertig aus, das Schloss muss nachträglich angebracht worden sein. Was man dort wohl einschließen musste?"

Er wich einen Schritt zurück. „Mein Gott, was ist das hier für ein widerwärtiger Gestank?!"

„Hier, nimm die Gummihandschuhe." Weigand warf Hesse ein paar Gummihandschuhe zu und zog selbst auch welche an. „Nichts anfassen Winkel, klar?"

„Wie könnte ich auch, sieht alles etwas versifft aus hier – und wie es stinkt!" Tobias hielt sich die Nase zu.

Hesse öffnete die schwere Tür. „Na ja, so ganz leer war der Raum wohl bis vor Kurzem nicht, hier steht ein Eimer voller Fäkalien. Ist das widerlich!" Er leuchtete auf den Boden, auf dem ein umgestürzter Eimer mit deutlichen Fäkalienspuren lag.

„Komm her", rief Weigand, „schau mal hier." Er hatte den Strahl seiner Taschenlampe auf die Fässer gerichtet.

Hesse schob den Deckel ein Stück zur Seite. „Oh mein Gott." Er wich zurück und würgte. „Sieh dir das an."

„Was ist denn?", fragte Tobias, der immer noch am Eingang stand.

Nachdem auch Weigand sich von dem Inhalt überzeugt hatte forderte er über Funk Verstärkung, einen Arzt und einen Leichenwagen an.

„Dann kann ich ja jetzt wohl gehen. Ich kann Ihnen hier sowieso nicht helfen und das ist eindeutig nichts für mich. Ich ertrage den Gestank nicht länger", stöhnte Winkel und wandte sich zum Gehen.

„Sie gehen so schnell nirgendwo hin, Winkel! Sie werden uns zum Revier begleiten. Wir haben da einige Fragen an Sie. Bleib bei ihm, Bernd, bis die Kollegen da sind, ich sehe mich hier noch etwas um."

„Also, das ist doch wohl nicht wahr! Sie können doch nicht über meine Zeit verfügen", schimpfte Winkel. „Was habe ich hier überhaupt zu suchen?"

„Herr Winkel, Sie haben die Grundrisse dieser Gebäude auf ihrem Schreibtisch liegen gehabt, schon vergessen? Was da in dem Fass ist, wollen Sie wissen? Dort befindet sich ein Leichnam im Wasser, wenngleich es wahrscheinlich keine Neuigkeit für Sie ist. Sie müssen zugeben, dass das nicht alle Tage passiert. Beweisen Sie uns, dass Sie mit der Sache nichts zu tun haben, und wir lassen Sie augenblicklich nach Hause gehen. Aber bis dahin, das werden Sie sicher verstehen, müssen wir Ihnen einige Fragen stellen."

„Ein was, sagten Sie? Ein Leichnam – dort?" Tobias deutete entsetzt auf das Fass.

„Richtig, Herr Winkel, und wer weiß, was wir hier noch alles finden werden."

Von Weitem hörten Sie Weigand rufen: „Bernd, ich brauche dringend deine Hilfe!" Er stand vor dem benachbarten Lagerraum. Die Tür war unverschlossen, doch lag etwas im Weg, weshalb sie sich nicht weit genug öffnen ließ. „Wenn mir meine Fantasie keinen Streich spielt, müssen wir uns auch hier auf etwas gefasst machen."

„Sie bleiben hier stehen", befahl Hesse Tobias.

„Also das ist jetzt eindeutig zu viel für meine Nerven", jammerte dieser. „Hören Sie, ich bin nicht bei der Polizei und brauche mir das hier nicht anzutun. Ich kann mir ja einfach ein Taxi rufen. Sagen Sie mir, wann ich ins Revier kommen soll, aber lassen Sie mich jetzt gehen. Ich stehe Ihnen bei Ihren Ermittlungen doch hier ohnehin nur im Weg."

„Es reicht!", unterbrach Weigand sein Gejammer. „Leg ihm die Handschellen an, Bernd!"

Es dauerte zehn weitere Minuten, bis der Mannschaftswagen der Polizei endlich vorfuhr und auch der Arzt traf ein. In Schutzanzügen betraten die Spurensicherer das Gebäude.

„Wer ist denn dieser Mann?" Die Frage bezog sich auf Tobias und wurde von einem Beamten der Spurensicherung gestellt.

„Wir nehmen ihn mit aufs Revier, er steckt bis zur Halskrause mit drin."

„Ich hoffe, er hat nichts angefasst."

„Heute noch nicht, aber vielleicht ein paar Mal davor", antwortete Hesse.

Tobias protestierte: „Das ist Unterstellung!"

Die Tür des zweiten Raumes wurde nun geöffnet.

„Mein Gott, was ist das?!“

Mehrere Beamte stürzten in den Raum. Weigand rief den Arzt herbei. In dem Raum, der ebenso groß war wie der, in dem sich die Fässer befanden, lag ein männlicher Leichnam.

Auch wenn Weigand kein Forensiker war, so war ihm doch klar, dass dieser Mann schon ein paar Tage lang tot sein musste. Der Kopf des Toten lag in einer getrockneten Blutlache. Der Arzt, der sich eine Schutzmaske vor das Gesicht zog, beugte sich darüber und betrachtete den Schädel von allen Seiten. „Es ist zwar eine Verletzung des Schädels zu erkennen, doch das meiste Blut scheint aus dem Mund ausgetreten zu sein, es ist vermischt mit Erbrochenem. Er ist wahrscheinlich daran erstickt …“

„Und wieso das viele Blut?“, fragte Weigand.

„Es ist noch viel zu früh, etwas darüber zu sagen. Nach der Obduktion weiß ich mehr.“

„Okay, wenn die Spurensicherung durch ist, kümmert euch um den Leichnam. Ach ja, noch etwas: wir brauchen einen zweiten Leichenwagen. Bernd, zeig den Beamten das Fass. Herr Doktor, im anderen Raum werden Sie auch gebraucht. Doch da wird es deutlich komplizierter, wie ich befürchte.“

„Noch komplizierter?“

„Ja in einem der Fässer schwimmen Leichenteile herum.“

„Leichenteile?“

„Ja, da hatte offensichtlich jemand Spaß daran, sein neues Beil auszuprobieren.“

„Sind Sie immer so makaber?“, fragte der Arzt.

„Manchmal geht es bei uns nur mit Humor, damit man nicht verrückt wird oder in Depressionen verfällt.

Habt ihr das Gelände abgesucht?", wandte sich Weigand nun seine Kollegen.

Hesse antwortete: „Derjenige, der in Raum eins war, ist fort. Aufgrund des Fäkalieneimers würde ich sagen, er hat hier einige Zeit verbracht – oder auch sie."

Weigand nahm Hesse beiseite und raunte ihm zu: „Winkel steckt da ganz tief drin, jede Wette."

* * *

Tobias Winkel saß in einem Vernehmungsraum des Polizeipräsidiums. Er hatte eine ganze Weile warten müssen, bis Weigand schließlich auftauchte und sich ihm gegenüber an den Tisch setzte. Den Beamten, der an der Tür stand, wies er an, sie nun alleine zu lassen. Dann fuhr er den Computer hoch.

„Dann legen wir mal los, Herr Winkel. Wo waren Sie am Mittwoch, den einunddreißigsten August zwischen neunzehn und zweiundzwanzig Uhr?"

„Woher soll ich das wissen und was ist das überhaupt für ein besonderes Datum?"

„Wir haben den Hinweis bekommen, dass sich Frau Kern an diesem Abend in einer Bar am Mainufer befand. Im Gespräch mit einem Mann, dichte Haare, dunkle Sonnenbrille. Sie wurden dabei beobachtet, wie sie das Lokal gemeinsam verlassen haben, da es der Dame nicht besonders gut zu gehen schien. Angeblich musste ihr Begleiter sie halb tragen. Das kam dem Barkeeper zum Glück sehr komisch vor, obwohl er leider erst Tage später auf die Idee kam, die Polizei zu verständigen."

Tobias grinste. „Was habe ich mit diesem Mann und dem Verhalten von Frau Kern zu tun? Weiß ich doch nicht, mit wem sie sich gerne betrinkt. Und wenn sie mich mal ansehen", er deutete auf seine roten Haare, „dann kommt das sicherlich nicht so ganz hin."

Weigand beugte sich über den Schreibtisch und blickte Winkel tief in die Augen. „Das Dumme ist nur, dass der Barkeeper den beiden noch eine Weile nachgesehen hat und glaubt, dass sie zum Parkhaus am Theater gingen. Dort habe ein VW Kombi gestanden hätte und der Fahrer sei ausgestiegen und habe mit den beiden gesprochen. Leider ist dann wohl die Sicht im entscheidenden Moment von einem Lastwagen verdeckt worden. Als der Lastwagen fort war, sei von Frau Kern und ihrem Begleiter nicht mehr zu sehen gewesen. Allerdings sei der VW Kombi zügig davongefahren."

„Und was soll mir das nun sagen?"

„Welches Auto fahren Sie noch gleich, Herr Winkel?"

Tobias lachte verkrampft. „Ah, daher weht der Wind. Wissen Sie, wie viele VW Kombis es in Frankfurt gibt? Ja, Sie haben Glück, ich fahre auch einen, doch ich war zuhause und nicht etwa am Theaterplatz."

Weigand schmunzelte. „Ist doch klar. Welche Farbe, sagten Sie gleich, hat ihr Auto?"

„Das sagte ich nicht, aber Sie können es gerne erfahren: es ist schwarz, also auch eine Allerweltsfarbe."

„Sie haben Recht und deswegen werden wir ihr Auto nun natürlich erst einmal beschlagnahmen müssen. Und Sie, Herr Winkel, müssen wir zu einer Gegenüberstellung bitten. Das ist doch für einen unschuldigen Menschen wie Sie eine Kleinigkeit, nicht wahr?"

45

6. September 2016

„Aber das ist ja furchtbar! Und dabei habe ich ihm blind vertraut." Anja sprach sehr leise, denn sie wollte keinesfalls riskieren, dass Marlene wach wurde.

„Ich kann sie kaum verstehen, Frau Malmann", sagte Weigand und drückte sich das Telefon fester ans Ohr.

„Sie sagen also, dass ich die nächste Zeit nicht mit Herrn Winkel rechnen kann?"

„Sicher nicht", antwortete Weigand, „er bleibt vorerst in Untersuchungshaft. In seinem Wagen wurden DNA-Spuren von Frau Kern gefunden, zudem ist sich der Barkeeper sicher, dass es sich bei dem Mann, den er im Zusammenhang mit Frau Kerns Verschwinden gesehen hat, um Herrn Winkel handelt. Er hatte ihn einmal davor bereits in der Bar bedient. Definitiv schwerwiegende Indizien."

„Kaum zu fassen, wer weiß, wozu er noch fähig ist! Ich meine, wen er noch da mit reinziehen wollte."

„Wissen Sie, Frau Malmann, sie haben es bei uns mit Fachleuten zu tun, da brauchen Sie sich keine Sorgen zu machen. Viel interessanter ist, dass sich das alles immer und immer wieder bei Ihnen abspielt. Kennen Sie das Lied mit den zehn kleinen Negerlein? So kommt es mir gerade vor, jetzt sitzen Sie bereits ganz alleine in Ihrem Büro, nicht wahr?"

„Ich weiß nicht recht, was ich mit dieser Aussage anfangen soll, Herr Kommissar."

„Ach, das war nichts als eine Feststellung, halten Sie also die Stellung. Oh, noch eines, haben Sie etwas von Herrn Richter gehört?"

„Das hätte ich Sie doch sofort wissen lassen. Gibt es denn schon eine Spur?"

„Wir sind dran, Frau Malmann, keine Sorge. Wir sehen und hören uns also in Kürze. Einen angenehmen Abend für Sie, und passen Sie gut auf sich auf. Auf Wiederhören."

„Alle Achtung, wie du sie in Sicherheit wiegst", sagte Hesse anerkennend, nachdem Weigand aufgelegt hatte. „Du hättest Schauspieler werden können."

„Gewinner ist der, der am besten spielt, merk dir das, ist wie beim Skat."

„Du immer mit deinem Skat, was hat es damit eigentlich auf sich?"

„Beim Skat ballert meine Tochter immer 'ne Menge brauchbarer Lebensweisheiten raus."

* * *

Anja sah noch einmal auf ihr Display und horchte dann angestrengt. Hörte sie da Geräusche aus Marlenes Zimmer? Sie legte das Handy auf den Schuhschrank im Eingang und ging zur Zimmertür. Nein, es war alles ruhig. Wäre ja auch ein Wunder, nach all dem, was sie Marlene verabreicht hatte. Gut, dass sie rechtzeitig damit begonnen hatte. Für heute würde sie Schluss machen. Sie würde jetzt nach Hause fahren, es sich bei einem Glas Wein gemütlich machen und in Ruhe über ihre weiteren Schritte nachdenken. Fürs Erste war sie jedoch zufrieden mit sich, nur musste sie unbedingt herausfinden, wo Clemens sich verbarg. Gleich darauf grinste sie zufrieden, denn sie wusste, die Fahndung nach ihm würde auf Hochtouren laufen. Und glauben würde ihm sowieso keiner mehr.

46

7. September 2016

Er hatte es beinahe aus dem Fabrikgebäude hinaus geschafft, doch dann war Marlene zusammengebrochen, was Anja einen großen Vorsprung verschafft hatte. Sie hatte ihn mit einem Messer verletzt und es war ihm nichts anderes übriggeblieben, als zu fliehen.

Er war danach orientierungslos über das Fabrikgelände gerannt, bis er irgendwo eine undichte Stelle in der Mauer gefunden hatte und unbemerkt geflohen war. Mit seinem Handy hatte er ein Taxi herbeirufen können. Doch hatte er nicht recht gewusst, wohin es ihn bringen sollte. Nach Hause hatte er nicht gekonnt. Er war sich sicher gewesen, dass ihm nicht nur Anja auf den Fersen war, sondern auch die Polizei.

Ihm war eine kleine Pension im Nordend eingefallen, in der er einige Male Wohnungssuchende untergebracht hatte. Er konnte dort, ohne den Ausweis zu zeigen, im Voraus bezahlen.

Zwei Tage hatte er sich dort aufgehalten. Seinen Arm hatte er mit entsprechenden Verbänden am nächsten Vormittag notdürftig versorgt. Der Schnitt hätte wohl eigentlich genäht werden müssen, doch zum Arzt zu gehen war ihm zu riskant erschienen.

Am folgenden Abend hatte er sich einen vorläufigen Plan ausgedacht. Es gab da eine möblierte Wohnung auf dem Riedberg, die es zu vermieten galt, was sich jedoch als schwieriges Unterfangen erwiesen hatte, da möblierte Objekte in Randlage nicht sehr gefragt waren. So stand die Wohnung bereits seit drei Monaten leer. Ein idealer Unterschlupf für die nächsten paar Tage.

Spät abends hatte er sich einen *car2go*-Wagen gemietet und war ins Büro gefahren, um sich den Zweitschlüssel für die Wohnung zu holen. Er hatte auf der gegenüberliegenden Straßenseite geparkt. Das Büro hatte im Dunkeln gelegen, er war dort einige Zeit verharrt, bis er sich sicher gewesen war, dass sich niemand in der Nähe befand und ihn beobachtete. Schließlich hatte er aufgeschlossen, hatte aber vermieden, Licht zu machen. Das schien ihm eindeutig zu gefährlich zu sein, außerdem hatte ihm die Straßenbeleuchtung ausreichend gedämpftes Licht verschafft. Er hatte sich nur erlaubt einige Sekunden die Taschenlampe seines Handys zu benutzen, nachdem er die Schreibtischschublade geöffnet hatte. Da die Schlüssel alle gekennzeichnet waren, hatte sich der gesuchte sehr schnell gefunden. Er hatte das Auto danach in der Nähe einer S-Bahn-Station abgestellt.

* * *

Clemens war mit der S7 bis zur Riedbergstraße gefahren, dann dort ausgestiegen und den Rest zu Fuß gelaufen. Mehrfach hatte er sich umgesehen. Er war sich sicher, dass er nicht verfolgt wurde.

Das Haus lag an einer Straßenecke und davor stand hohes Buschwerk, hinter dem er sich eine Weile verbarg. Die Wohnung im ersten Stock des Zweifamilienhauses war von hier aus leicht auszumachen. Da es längst finster war, konnte er deutlich erkennen, dass die beiden nach vorne gelegenen Fenster im Dunkeln lagen. Auch die untere Wohnung war bis vor kurzem unbewohnt gewesen, hier waren die Rollläden zugezogen. Er wartete noch etwa zehn Minuten, bis er sich entschloss, die Haustür zu öffnen. Leise stieg er die Stufen hinauf. Kein Geräusch war aus dem Inneren des Hauses zu vernehmen. Es schien gänzlich leer zu stehen. Es war wohl eine vernünftige Idee gewesen, hierher zu kommen.

Vor der Wohnungstür verharrte er einige Sekunden, dann schob er den Schlüssel ins Schloss. Mist, er passte nicht. Er zog ihn heraus und drehte den Bart des Schlüssels nach unten. Die Tür öffnete sich. Vorsichtig, und ohne ein Geräusch zu verursachen, schloss er die Tür. Im vorderen Bereich gab es zwei weitere Türen, die eine führt ins Bad, die gegenüberliegende in die Küche. Dahinter befand sich das Wohnzimmer. Er warf einen flüchtigen Blick hinein, doch erwartungsgemäß war das Zimmer leer. Am Ende des Ganges befand sich eine verschlossene Tür. Vorsichtig drückte er die Klinke herunter, doch die Tür ließ sich nicht öffnen. Merkwürdig, war Anja hier gewesen? Er war sich sicher, dass das Zimmer beim letzten Mal offen gestanden hatte. Wo konnte sich der Schlüssel befinden?

Er ging zurück zum Eingang und sah sich um. Dort gab es eine Garderobe und einen Schuhschrank. Aus einem Instinkt heraus tastete er das altmodische Hutfach ab und tatsächlich, er wurde fündig. Vier Schlüssel hingen an einem Ring. Er betrachtete sie und war sich sicher, dass es sich hierbei um Zimmerschlüssel handelte. Nacheinander steckte er sie ins Schloss und er hatte Glück, der letzte Schlüssel passte.

Ein ungutes Gefühl befiel ihn, als er in das stockfinstere Zimmer trat. Hier roch es wie in einem Krankenzimmer. Er knipste das Licht an und erstarrte – auf dem Bett lag Marlene.

Er fiel vor dem Bett auf die Knie. „Mein Gott, Marlene!"

Ihre Wangenknochen stachen förmlich aus ihrem Gesicht heraus, so dünn und zerbrechlich war sie geworden. Er beugte sich über sie. „Marlene? Marlene, wach auf! Was ist mit dir, was machst du hier?"

Atmete sie? Er war sich nicht sicher. Er hielt sein Ohr dicht vor ihren Mund. Entsetzen packte ihn. Er nahm ihre Hand, versuchte den Pulsschlag zu finden, dann tastete er an ihrem Hals nach der Schlagader. Da war er, der Puls, sehr schwach nur, doch er konnte ihn fühlen. Er massierte ihre Handgelenke. Was sollte er tun? Er gab ihr einen Klaps auf beide Wangen.

„Marlene, wach auf! Ich bin es, Clemens."

Nichts geschah. Mein Gott, wie war sie hierhergekommen? Das konnte nur Anja gewesen sein, sie musste sie hierher verschleppt haben, nachdem sie ihn überwältigt hatte. Das bedeutete, dass sie über kurz oder lang hier auftauchen würde. Er musste die Polizei rufen und einen Krankenwagen, doch er hatte kein Handy bei sich, um nicht geortet zu werden. Verdammt! Er musste Hilfe holen, doch schien es ihm, als könne sie jeden Moment sterben. Zuerst musste er sie stabilisieren.

Er begann an ihr zu rütteln. „Marlene, komm schon, du musst aufwachen! Marlene, hörst du mich?", er sprach jetzt sehr laut und da sah er ganz plötzlich, wie ihre Augenlider zuckten.

„Ja, Marlene, komm schon, du musst wach werden, bitte."

47

10. September 2016

Aufhören, wollte ich sagen, bitte aufhören! So lass mich doch in Ruhe, lass mich davonschweben. Dort wo ich gerade bin, fühle ich mich wohler. Die Schmerzen lassen nach, niemand will mich verletzen, ich fühle mich leicht und schwerelos, lass mich los, ich will nicht zurück. Hör auf an mir herumzurütteln, wer auch immer du bist.

Doch ich konnte nichts sagen, ich war einfach zu schwach. Ich hörte aus weiter Ferne meinen Namen. Ich hieß doch Marlene? Ich wusste nicht recht, ob ich gemeint war. Jemand nahm meine Hände. Sofort schoss der Schmerz in meine Glieder zurück.

„Marlene, komm schon, wach auf, ich bin es, Clemens."

Clemens? Nein, das konnte nicht sein, nein, ich träumte nur.

„Marlene, du musst wach werden!"

Bitte lass mich in Ruhe, wollte ich sagen. Meine Augenlider zuckten, doch ich glaubte nicht, sie öffnen zu können.

„Ja, mach schon, öffne die Augen", sagte die Stimme.

Ich blinzelte. Erst sah ich nichts, alles lag im Nebel, doch langsam lichtete er sich und ich erkannte Clemens.

„Gott sei Dank! Keine Angst, Marlene, du bist in Sicherheit. Ich hole dich hier raus, ich rufe einen Arzt."

Ich konnte nur stöhnen.

Plötzlich hörte ich einen lauten Schlag. Was war das? Clemens brach vor meinem Bett zusammen.

* * *

Ich röchelte, würgte, doch war ich mir sicher, zu träumen. So etwas gab es nicht im richtigen Leben. Ich sah Clemens, er kauerte auf dem Boden und stöhnte, überall war Blut. Etwas war von ihm abgesprungen, als das Tranchiermesser in seine Hand geschnitten hatte. Ich versuchte den Kopf zu heben. Da lag etwas auf dem Boden, klein und kurz und voller Blut. Plötzlich sah ich Anja. Sie stand dort mit einem merkwürdig verzerrten Mund, in den Händen das Tranchiermesser, bereit, erneut zuzustechen.

„Anja, was …", doch meine Stimme war so leise, dass sie mich nicht zu hören schien.

Plötzlich trat sie auf das blutige Ding. Sie trat zu, mit ihrem ganzen Gewicht.

Clemens stöhnte.

„Was tust du, Anja? Mein Finger, was tust du damit? Bitte, zerquetsch ihn nicht, nein!"

„Halt die Schnauze", blaffte sie und stach das Messer mit aller Kraft in seinen Oberschenkel.

Clemens schrie so entsetzlich, dass ich mir am liebsten die Ohren zugehalten hätte.

Anja lachte nur hysterisch. „Das, mein Liebling, war erst der Anfang."

Clemens kauerte an der Wand. Seine Hand hatte er sich notdürftig mit der Armschlinge abgebunden, dennoch blutete er heftig, nicht nur dort, wo sein kleiner Finger gewesen war, auch aus der klaffenden Beinwunde.

Anja hatte mir starken Kaffee eingeflößt und mich in eine aufrechte Sitzposition gebracht. „Ich will, dass du alles mit anhörst. Sterben kannst du danach immer noch", hatte sie gesagt.

Sie saß zwischen meinem Bett und Clemens auf dem Boden und spielte mit dem Tranchiermesser.

„Bitte Anja, ruf uns doch einen Arzt, tu es wenigstens für Marlene", flehte Clemens, woraufhin Anja ihm verpasste einen weiteren Stich am Arm verpasste. Clemens stöhnte entsetzlich.

„Wie gut, dass ich mein Handy hier vergessen habe, sonst wäre ich heute nicht zurückgekehrt und wer weiß, was du dann mit der Kleinen angestellt hättest, nicht wahr?"

Clemens' Gesicht war schmerzverzerrt. „Du hast dein Handy vergessen?"

„Ja, dumm gelaufen, nicht? Hast es vor lauter Eifer wohl übersehen." Sie hielt es triumphierend in die Höhe.

„Bitte Anja, erklär mir das alles", flüsterte ich.

„Halt den Mund, sonst verpass ich dir auch eine", fauchte sie. „Eigentlich hast du das alles dem tollen Clemens zu verdanken, Marlenchen, weißt du das? Er konnte noch nie seine Finger bei sich behalten. Erst hat er mich zu sich geholt, hat mich hierhergeholt, aus Köln, mir gesagt, dass er zu mir steht, was auch immer geschieht." Sie schnaubte. „Du musst wissen, dass auch ich eine klitzekleine Vergangenheit habe. Nichts wirklich Aufregendes: Ich habe für Gerechtigkeit gesorgt, das war alles aber in Köln war ich durch, verstehst du? Ich hatte eine scheiß Kindheit. Kein Vater, jedenfalls keiner, den ich kennengelernt habe, dafür aber einen tollen Stiefvater." Sie lachte bitter. „Er wollte mir an die Wäsche und das, obwohl ich erst fünf war, klasse, was?"

Sie sah mich an, als ob ich ihr darauf eine Antwort geben sollte.

„Schlimm!", flüsterte ich.

„Schlimm?" Wieder lachte sie. „Schlimm?! Das kann nur eine sagen, wie du, die aus einem wohlbehüteten Haus kommt, in dem es keine Sorgen gibt. Schlimm – dass ich nicht lache!"

Sie beugte sich zu mir vor, ganz nah an mein Gesicht. Clemens versuchte aufzustehen. Erneut blitzte die Klinge in ihrer Hand und sie schnitt ihm in die gesunde Hand. Kraftlos kippte Clemens an die Wand.

„Ich freue mich, mich endlich an dir rächen zu können, mein Lieber. Endlich macht mein Leben einen Sinn", sagte sie und sah ihn mit einem halb zärtlichen, halb wahnsinnigen Gesichtsausdruck an.

Kein Zweifel, sie war geisteskrank. Wieso hatte ich das zuvor nicht bemerkt, in all den Wochen und Monaten, in denen ich sie für meine Freundin gehalten hatte? Wieso hatte sie mich so täuschen können? Was war aus meiner Menschenkenntnis geworden? Es lag wohl an ihrer enormen Anziehungskraft, sie hatte dieses unwiderstehliche Charisma, dazu dieses Undurchdringliche; Männer himmelten sie an, das hatte ich viele Male beobachten können, ich war ja eindeutig selbst darauf hereingefallen.

„Wo waren wir doch gleich stehengeblieben? Na, Marlene, hast du es dir gemerkt?"

Ich nickte, während sich meine Augen mit Tränen füllten. „Bei meinem Elternhaus. Ach, Anja, bitte."

„Bitte was? Kannst du es nicht ertragen, die Wahrheit zu hören? Deine Kindheit ist bestimmt bilderbuchhaft verlaufen, nicht wahr? Mit einer Mutter, die dich auf Händen trug, einem Vater, der dir jeden Wunsch von den großen Kulleräuglein abgelesen hat, dem süßen, ach so niedlichen kleinen blonden Engel." Sie spuckte angewidert auf den Boden. „Ich könnte kotzen, weißt du das? Aber um zu meinem tollen Leben zurückzukehren: Als ich älter war, beschloss ich abzuhauen. Doch dazu fehlte mir was, Marlene?"

Sie wedelte mit dem Messer vor meinem Gesicht hin und her.

Clemens stöhnte. „Anja, bitte, sie ist doch viel zu schwach."

Sie fuhr mit dem Messer herum. „Reicht es dir immer noch nicht?"

Er hob beschwichtigend die Arme, was ihm große Schmerzen bereitete.

„Wollen wir uns nicht länger mit meiner Jugend aufhalten. Ich stahl, wurde natürlich erwischt, bekam eine Jugendstrafe, kam ins Kinderheim, brach aus, lernte Kerle kennen, die mich halbwegs versorgten. Dann lernte ich einen kennen, dem ich vertraute. Ich begann zum ersten Mal in meinem Leben, mich zu öffnen. Er war Makler, Immobilienmakler. Er bezahlte mir die Ausbildung und so wurde ich auch Maklerin. Wir lebten ein paar Jahre zusammen, ich war sehr glücklich, zum ersten Mal in meinem Leben fühlte ich mich geborgen."

Sie sah zu Clemens. „Im Nachhinein war das wohl die glücklichste Zeit in meinem Leben, wenngleich ich das damals noch nicht verstand, nicht wahr, Clemens? Antworte gefälligst!", schrie sie.

Clemens nickte.

„Ich höre nichts."

„Ja, Anja", antwortete er stöhnend, „sicher hast du recht."

„Ach übrigens, ehe ich es vergesse, du hast scharfe Augen, Marlene." Sie grinste. „Zumindest hattest du sie bis vor kurzem noch, als du glaubtest, mich gesehen zu haben. Allerdings wird dir das Augenlicht vermutlich mit allem anderen was an dir noch lebendig ist ohnehin verlöschen." Sie lachte lauthals und schlug sich vor lauter Freude auf die Schenkel. „Aber neulich, ja, neulich, da hast du recht gehabt: klar fuhr ich im Stau hinter dir her. Eigentlich wollte ich, dass du einen viel schwerwiegenderen Unfall produzierst, vielleicht ein paar Verletzungen, nur so, als kleinen Vorgeschmack, ich liebe derartige Szenarien. Aber na ja, wer weiß, wozu es gut ist, wie es jetzt gekommen ist."

Ich hatte heftige Kopfschmerzen und schloss für einen Moment die Augen.

„Sieh mich an und zwar sofort!", schrie Anja.

Ich gehorchte.

„Es ging ja gerade um meinen damaligen Freund. Entschuldigt bitte, ihr beiden, nun muss ich doch noch einmal ein wenig weiter ausholen, damit ihr versteht. Wie gesagt, wir hatten ein paar glückliche Jahre und dann, ganz plötzlich kam diese Schlampe ins Spiel. Sie hieß Beate, Beate Steinmetz."

Clemens riss die Augen auf und starrte Anja an.

Anja amüsierte sich köstlich. Sie lachte, bis ihr die Tränen herunterliefen. „Ich wusste, dass ich dich noch immer überraschen kann, mein Schatz. Du denkst, nur weil du mich zu dir genommen hast, weißt du alles über mich?“ Sie sah ihn hasserfüllt an. „Wie dumm du doch bist. Natürlich kannte ich sie schon viel früher.“

„Aber …“, begann Clemens.

„Halt die Schnauze, wenn du nicht gefragt wirst! Mein Freund wollte jedenfalls nichts mehr von mir wissen. Ich hätte sie schon damals umbringen sollen, doch damals war ich eine blutige Anfängerin, versteht ihr? Ich quälte die beiden nur ein bisschen. Ich hatte damals einen netten jungen Kollegen, der spionierte ein bisschen für mich, hatte eine kriminelle Ader – ich umgebe mich nur zu gerne mit halbseidenen Menschen. Eine ganz besondere Spezies. Er jedenfalls sollte herausfinden, was sie so taten, wenn ich arbeiten musste, wann sie es taten, wo sie sich aufhielten und so weiter, wirklich ein netter Kerl, ach ja, ihr kennt ihn übrigens: Tobias Winkel, ein wirklich brauchbarer Typ.“

„Ich fasse es nicht, Anja, du bist ja völlig übergeschnappt!“, murmelte Clemens.

„Vorsicht mein Lieber, du möchtest doch sicher noch das Ende der Geschichte erleben oder gar den Retter für die niedliche, unschuldige Marlene spielen, nicht wahr? Also halt deine Klappe!“

Sie hielt ihm das Tranchiermesser nah unter das Auge und ich hatte Angst, sie würde ihn nun lebensgefährlich damit verletzen. Mir war übel von dem was ich hörte, ich hatte Angst, mich erbrechen zu müssen. Ich versuchte, ruhig zu atmen.

Anja hatte es bemerkt und kam mit dem kalten Kaffee. „Trink das. Wäre schade, wenn du den Rest nicht mehr mitbekommst.“

Ich sah plötzlich die Spritze, die sie in ihrer Hand hielt. Sie war bereits aufgezogen. Ich wehrte mich, wollte nicht trinken. Der Kaffee lief mir aus dem Mund, während ich nur auf die Spritze achtete.

„Böses Mädchen, was machst du für eine Sauerei?" Sie sah auf die Spritze. „Keine Sorge, die bekommst du erst, wenn wir unseren Abschied feiern. Beruhige dich also." Sie hauchte mir einen Kuss auf die Stirn und legte die Spritze auf den Nachttisch. „Jetzt trink schon, sonst muss ich schimpfen." Wieder fuchtelte sie mit dem Tranchiermesser herum und ich trank gehorsam die Tasse aus.

„Na jedenfalls begann ich irgendwann, sie zu verfolgen, die beiden. Ich bin sicher, ich hätte ihn zurückbekommen, hätte die Schlampe ihn nicht angestachelt, zur Polizei zu gehen. Da musste ich ihm leider ein klein wenig wehtun. Dann zog der Feigling die Anzeige zurück. Tja, und so kam ich nach Frankfurt."

Sie ging zu Clemens und hob unsanft sein Kinn. „Sieh mich gefälligst an, wenn ich mit dir rede!"

Clemens blutete stark, ich befürchtete, er könnte das Bewusstsein verlieren. Das war wohl auch der Grund, weshalb sich Anja mit ihrem Messer zurückhielt; offensichtlich befriedigte es sie, ihre Geschichte zu erzählen.

„Anja bitte, ich … ich habe wirklich starke Schmerzen und …"

„Ach, du hast also Schmerzen? Hast du jemals darüber nachgedacht, welche Schmerzen du mir zugefügt hast, mit all deinen Flittchen?" Dann sah sie mich an. „Weißt du, ich bin wirklich gerissen, aber Clemens ist es auch, das kann ich dir sagen. Er hat mich lange Zeit an der Nase herumgeführt und mich glauben gemacht, dass er mich wirklich liebt und braucht und so weiter. So wie ich bin, wollte er mich, und er sagte sogar, es sei ihm egal, was da früher einmal passiert war." Sie schüttelte, offensichtlich enttäuscht über sich selbst, den Kopf. „Wir waren ein Jahr lang ziemlich glücklich miteinander, ich habe ihm geholfen, die Firma zu dem zu machen, was sie heute ist. Wie du weißt, meine liebe Marlene, vermieten wir eher hochwertige Immobilien, nicht wahr? Und das hat er mir zu verdanken, stimmt's Clemens?"

Er nickte.

„So ist es brav", meinte sie. „Und eines Tages betrat Beate Steinmetz das Büro. Das verlogene Biest schämte sich nicht einmal dafür, was sie mir angetan hatte, stattdessen erzählte sie mir in aller Ruhe, dass sie sich getrennt hätten und mein Ex jetzt verheiratet war. Obwohl ich ihr schon damals die Augen hatte auskratzen wollen, war da irgendetwas, das mir sagte, ich solle sie aufnehmen, in unser Team. Auch war ich mir damals sicher, dass sie sich vor mir in Acht nehmen würde. Vielleicht jedoch wollte ich sie einfach ein bisschen quälen, ich weiß es nicht mehr genau, jedenfalls blieb sie, und schon bald machte sich die Schlampe an Clemens heran."

Sie machte eine Pause und trank aus der Wasserflasche, die sie an mein Bett gestellt hatte. Sie schraubte sie in aller Ruhe zu, bevor sie fortfuhr: „Erst glaubte ich, ich täuschte mich, denn der saubere Clemens versicherte mir, dass ich mir das alles nur einbildete. Nun ja, er wusste natürlich auch nichts von unserer gemeinsamen Zeit in Köln, nicht wahr?" Wieder sah sie Clemens an, der schüttelte verzweifelt den Kopf.

„Mir fiel mein Kollege Tobias Winkel zu der Zeit wieder ein. Er war mein Vertrauter damals und er wusste immer Rat. Ich fragte ihn, ob er nicht in unser Büro wechseln wollte, hier nach Frankfurt. Doch zu der Zeit ging das noch nicht, da er seinen gutbezahlten Job nicht aufgeben wollte."

Wieder flackerten meine Augenlider.

„Langweile ich euch?" Anja sah zwischen mir und Clemens hin und her, der immer noch mit schmerzverzerrtem Gesicht in der Ecke an der Wand hockte und verzweifelt darum bemüht zu sein schien, nicht ohnmächtig zu werden.

Er schüttelte energisch den Kopf. „Nein, nein, Anja, rede weiter."

Anja grinste. „Wie schön, dass ich mir nun endlich auch bei dir Gehör verschafft habe. Herrlich, nicht wahr? Aber jetzt bin ich schon wieder vom roten Faden abgekommen. Winkel also sagte mir, er habe da einen Freund in Frankfurt. Na ja, was heißt einen Freund, der Mann, von dem er sprach, hatte ihm wohl hin und wieder einmal einen Gefallen getan. Und da er Lungenkrebs im Endstadium hatte, schreckte er vor nichts zurück – das hörte sich damals für mich perfekt an. Er war der geborene Schnüffler und tat alles für mich, er himmelte mich förmlich an. Ich schenkte ihm zum Dank hin und wieder ein paar Schmerzmittel, die mir Tobias illegal besorgt hatte und ein altes klappriges Auto. Ach ja, das Auto, liebe Marlene, womit ich dich bedrängte, war seins. Ich schärfte ihm ein, von mir immer nur als ‚Chef' zu sprechen, nie von der Chefin. Man kann nicht vorsichtig genug sein, nicht wahr? Du kennst ihn sogar, Marlene, er heißt Viktor Novak. Oder gar Nick, Nick und Wersonst – na, dämmert es dir?

Ich sah sie verständnislos an und sie lachte laut auf. Ich musste würgen.

„Wenn du jetzt kotzt, kannst du es selbst wegmachen, meine Liebe."

Ich schnappte nach Luft, denn trotz meiner Schwäche begann ich zu begreifen: „Er hat mich …?"

Anja klatschte begeistert in die Hände. „Bravo Marlenchen, ja er hat dich verschleppt, hat dir Schlafpulver in dein Glas gemixt. Das haben dir deine Eltern, die Landeier, scheinbar nicht beigebracht, nicht wahr, dass man seinen Cocktail niemals unbeaufsichtigt lassen sollte. Ts, ts, ts. Doch darauf wollte ich gar nicht hinaus." Plötzlich schüttelte sie den Kopf. „Du bist einfach ein wenig verpeilt gerade, meine Kleine. Viktor also, er wohnt bei der Cassella Fabrik in Fechenheim." Sieh sah uns begeistert an. „So langsam, oder? Clemens, was sagst du, bin ich nicht grandios?"

Clemens riss sich zusammen, um antworten zu können: „Deswegen hast du das Fabrikgebäude ausgesucht?"

„Richtig, Clemens, klasse, du machst dich. Er kannte sich dort aus wie in seiner Westentasche. Allerdings kam ich erst nach Beates Tod auf die geniale Idee. Das erste Mal brauchte ich seine Hilfe für Beate. Ich fühlte mich nicht stark genug, sie zu überwältigen. So bat ich ihn, ihr eines Abends nach Büroschluss aufzulauern. Alles klappte wie am Schnürchen. Er hielt ihr ein Tuch mit Chloroform vor die Lippen, just in dem Moment, als sie zu ihrem Parkplatz lief. Er war stark damals, er packte sie in den Kofferraum. Es war seine Idee, sie zum Fechenheimer Friedhof zu bringen. Wir verabredeten uns dort, am späten Abend. Niemand war dort um diese Zeit, außer uns. Er hielt sie fest, während ich mich austobte. Ich habe ihr schrecklich wehgetan, das dürft ihr mir glauben, nicht nur so läppisch, wie dir, Clemens. Sie jaulte und quietschte wie ein Schwein." Sie lachte begeistert. „Das hat mir Spaß gemacht: erst habe ich mich für meinen Ex gerächt, dann für dich, Clemens, und während Viktor sie festhielt, habe ich ihr die Augen ausgestochen. Leider wurde sie dabei ohnmächtig, das war nur die halbe Freude. Spaß hat es dennoch gemacht. Wir haben sie dann im Main versenkt, dummerweise haben wir sie nicht genügend beschwert, sodass sie irgendwann wieder auftauchte und gefunden wurde."

„Anja, bitte", flehte Clemens, „wenn du dich stellst, helfe ich dir. Du bist krank, ich würde für dich aussagen, du würdest sicher Hilfe bekommen, du bist nicht zurechnungsfähig."

Anja wollte erneut mit dem Messer auf ihn losgehen, doch dann besann sie sich offensichtlich eines besseren und ritzte ihn nur wenige Zentimeter neben dem Kehlkopf. Clemens troff der Schweiß von der Stirn.

„Nein!", schrie ich. „Nein! Hör auf!"

Anja nahm das Messer weg, drehte sich zu mir. „War nicht ernst gemeint, ein wenig darf er sein Leben noch genießen, zusammen mit dir und mir, Marlenchen."

Clemens keuchte und hielt sich die Hand an die verletzte Stelle.

„Ich bin mit meiner Geschichte noch lange nicht am Ende. Wäre wirklich schade, wenn ich keine Zuhörer mehr hätte. Ist doch spannend, nicht wahr? Wie lange habe ich mich darauf gefreut, es euch zu erzählen, ganz abgesehen davon, dass ich nun gewiss keine Geldsorgen mehr haben werde, nicht wahr?" Sie sah zu Clemens. „Antworte, du Scheißkerl!"

Clemens nickte heftig.

Anjas Handy blinkte. „Das schalten wir doch lieber mal aus. Nicht, dass uns hier noch jemand besuchen kommt. Ja, nachdem ich nun dem armen Clemens die neue Flamme entrissen hatte und mich für alles, was sie mir je angetan hat, gerächt habe, begann das Leben wieder Spaß zu machen. Clemens litt nicht lange unter dem Verlust, musst du wissen, Marlene. Wir fingen sogar wieder an, sowas wie eine Beziehung zu führen. Nur Viktor begann zu nerven. Er langweilte sich und fragte mich nach neuen Aufträgen. Einmal erzählte er mir, dass er auf Facebook eine junge Polin kennengelernt hatte, sie war auf Jobsuche in Frankfurt, auch in mehreren Maklerbüros. Er bat mich, sie wenigstens einmal einzuladen, er hatte es ihr versprochen. Warum nicht?, dachte ich damals. Ich lud sie ein, ja, Clemens stellte sie sogar ein, was sich allerdings im Nachhinein als tödlicher Fehler für das arme Ding herausstellen sollte." Sie bedachte Clemens mit einem hasserfüllten Blick. „In diesem Fall half mir Viktor nochmal sehr gerne."

Dann wandte sie sich erneut an mich: „Ach, entschuldige, du verstehst die Zusammenhänge nicht so ganz. Auch Irina interessierte sich brennend für Clemens. Sie eroberte sein Herz im Sturm. Nachdem nach Beates Ableben endlich Ruhe eingekehrt war, sorgte die hübsche Irina für Chaos auf der ganzen Linie." Anja setzte sich in den Schneidersitz und legte sich das Messer auf den Schoß. „Ich fand ihr Verhalten geschmacklos und billig. Nicht alles, dass sie dich direkt im Büro vernascht hat, Clemens." Sie grinste breit. „Wobei sie das wahrscheinlich an einem der Abende auch getan hat, als du plötzlich noch so viel aufzuarbeiten hattest, nicht wahr?" Wieder suchte Anja meinen Blick. „Du musst wissen, Clemens verhielt sich wie ein liebeskranker Teenager. Er hatte für nichts und niemanden mehr Augen und natürlich musste Irina dringend eingearbeitet werden – und wer konnte das schon besser als der Chef selbst, versteht sich doch, oder? Verstehst du das, Marlene?"

„Ja", flüsterte ich.

„Gut. Du kannst dir sicher vorstellen, dass Viktor das jedoch nicht recht verstehen wollte, und mir ging die Kleine auch richtig auf den Wecker. Viktor, der lange nichts zu tun gehabt hatte und dem man die fortschreitende Krebserkrankung schon recht deutlich ansah, brannte auf Rache. Er hatte sich nämlich bereits ein paar Mal mit Irina getroffen und machte sich große Hoffnungen. Doch stattdessen hurte das Biest mit meinem Freund herum."

„Das ist nicht wahr, Marlene", sagte Clemens schwach.

„Halt die Schnauze, du Lügner, du bringst mich aus dem Konzept! Jedenfalls hat er sie dann am vierten Mai abgepasst, sie um ein Gespräch gebeten und sie ging nichtsahnend mit ihm zu seinem Auto. Dort war es für ihn ein leichtes, sie zu überwältigen. Ja, und dann brachte er sie in das Gefängnis, wo du sie später entdeckt hast, Marlene." Sie kicherte. „Ich musste ihn ausnutzen, solange er noch genügend Kraft hatte."

Wieder machte sie eine Pause und trank. Sie wischte sich fahrig über den Mund, dann fuhr sie fort: „Was dann geschah, ist leider ein wenig aus dem Ruder gelaufen, denn der gute Viktor hatte sich nicht recht unter Kontrolle und tötete sie, noch bevor ich sie mir vornehmen konnte. Das tut mir noch heute weh. Ich hatte mich so auf sie gefreut, das verstehst du doch, lieber Clemens, nicht wahr?"

Clemens liefen Tränen über die Wangen. „Anja, damit wirst du niemals durchkommen. Bitte, ruf uns einen Arzt, dann wirst du mildernde Umstände bekommen."

„Genug", schrie sie und stach ihm erneut in die offene Wunde. Clemens schrie auf und kippte zur Seite.

„Setz dich gefälligst anständig hin oder willst du noch mehr?!"

Er gehorchte stöhnend. Mittlerweile blutete er aus so vielen Wunden, dass ich mich fragte, wie lange er das noch aushalten konnte. Der Boden war über und über mit seinem Blut bedeckt. Ich weinte lautlos.

„Nicht weinen, Marlenchen, bald bist du für immer mit ihm vereint, aber zuvor sollt ihr all meine Geheimnisse erfahren. In eurem Grab sind sie sicher aufgehoben", sagte Anja und tätschelte mein Bein. Wieder sah sie vom einen zum anderen. „Da ich annehme, dass ihr nichts Umwerfendes zu diesem Thema beizutragen habt, möchte ich nun gerne zum Finale kommen – tadaa", trällerte sie. „Meine Damen und Herren, sehen sie nun die tapferen Hauptdarsteller dieses Dramas: Mister Clemens Richter und seine große Liebe, die wunderbare Marlene Kern. Applaus für dieses Traumpaar." Anja klatschte in die Hände. „Ich sehe dich vor mir, Marlene, wie du dich beworben hast, in seiner Abwesenheit. Ich wusste sofort, du passt in sein Beuteschema. Es machte mir mittlerweile höllischen Spaß, mit Clemens zu spielen, eigentlich wollte ich nichts anderes mehr." Sie sah zu ihm hinüber. „Sieh ihn dir an, diesen armen gebrochenen Mann. Die Polizei traute ihm schon lange nicht mehr über den Weg, auch dafür habe ich Stück für Stück gesorgt, so hatte ich ein Schreiben an Irina in eines ihrer Exposés gesteckt." Sie kicherte. „Die Polizei hat das Schreiben kürzlich auch endlich gefunden", sagte sie und sah uns vielsagend an.

Clemens hatte die Augen halb geschlossen, sämtliche Farbe war aus seinem Gesicht gewichen.

„Wachbleiben!", schrie sie ihn an, sodass er zusammenfuhr.

Dann sah sie mich an. „Ich gab dir eine gewisse Chance. Hättest du Clemens widerstanden, dann wärest du vielleicht so etwas wie eine Freundin für mich geworden – und das ist ein Privileg, meine Liebe, ich lasse nämlich nie jemanden an mich heran. Ja, einmal ertappte ich mich sogar dabei, mir dich als Verbündete vorzustellen. Ich sage ja, irgendwie fand ich dich direkt ganz nett. Ich wollte es darauf ankommen lassen und dann entscheiden. Das Problem war, dass ich damals leider noch nicht wusste, dass ihr euch bereits privat kennengelernt hattet, auch wenn ich das in meiner Wut einmal behauptet habe. Ihr wolltet mich austricksen, nicht wahr? Du kannst dir denken, dass mich das rasend machte. Dafür solltest du mir büßen." Während sie das sagte, stand sie auf und trat so nah vor mich, dass sie mein Gesicht beinahe mit ihrer Nase berührte.

„Nein, nein, so war es nicht, wirklich nicht, ich wusste ja nicht einmal ...", versuchte ich sie zu beschwichtigen.

Anja verpasste mir eine Ohrfeige. „Mach das andere Leute glauben, Schlampe. Jedenfalls änderte sich meine Meinung über dich restlos, als ich es erfuhr." Sie machte eine kleine Pause, schließlich fuhr sie fort: „Ich begann, mir einen Plan für dich auszudenken. Ich brauchte Viktor, doch zusätzlich auch noch einen Helfershelfer. Mir fiel Tobias Winkel wieder ein, er schien mir für das, was ich mit dir vorhatte, ziemlich geeignet. Schließlich war er einmal Sanitäter gewesen und ich mutmaßte, dass er sich einigermaßen mit Betäubungsmitteln auskennen würde. Als ich ihn dieses Mal anrief, hatte ich Glück. Er fühlte sich nicht mehr so wohl in dem Kölner Büro, die Aufträge reichten nicht aus und so weiter, jedenfalls wollte er sich gerne verändern. So kam er also ein paar Tage später nach Frankfurt. Clemens, zuhören", unterbrach sie sich selber.

Clemens nickte mit halb geschlossenen Augen.

„Erst sollte dich Viktor Novak alias Niklas Wenz ein wenig aus dem Konzept bringen, dir ein kleines bisschen Angst machen. Gleichzeitig erfand ich den Facebook Kontakt ‚Nick und Wersonst.' Du solltest dir ein wenig Sorgen um mich machen. Hat ja auch geklappt, oder?"

Ich nickte.

„Siehst du, ich bin ein echter Profi." Sie schien sehr zufrieden mit sich zu sein.

Wieder nickte ich, um sie nicht erneut wütend zu machen.

„Ich hetzte dich gleichzeitig gegen Clemens auf, wo ich nur konnte – auch das funktionierte ja hervorragend, nicht wahr?"

„Ja", flüsterte ich. Ich sah Clemens traurig an. „Es tut mir leid, Clemens, ich hatte einfach Angst vor dir."

Clemens nickte schwach. „Schon gut, Marlene, ich kann es dir nicht verdenken."

Anja kicherte. „Hach, ich liebe diese Psychospiele. Man kann sich da so richtig ausleben. Selbst die Polizei ist mir auf den Leim gegangen, ist das nicht herrlich?"

Genau darüber machte ich mir trotz meines desolaten Zustandes ernsthaft Gedanken. Wo blieb die Polizei? Wieso fand man uns nicht und wieso war Anja nicht längst aufgeflogen?

„Nach Irinas viel zu schnellem Ableben wusste ich, das dufte mir nicht wieder passieren. Du, liebe Marlene, solltest eine Sonderbehandlung bekommen, und da ich jetzt auch Tobias mit im Boot hatte wusste ich, dass das mir auch gelingen würde. Ist es ja auch, nicht wahr? Ich sagte Tobias, er soll dich anmachen, soll sich ein paar tolle Geschichten ausdenken. Mein Gott, wenn ich dich so ansehe – du hältst aber auch gar nichts aus, armes Hascherl. Na, jedenfalls kennst du ja den Rest der Geschichte. Er spielte dir in deinem Gefängnis übel mit, nicht? Doch gebe ich zu, du bist eine kleine Kämpferin. Ich dachte eigentlich, du würdest dort unten den Verstand verlieren. Na egal, so gefällt es mir eigentlich viel besser."

Clemens schien halbwegs weggetreten zu sein, sie trat ihn mit dem Fuß in den Unterleib. Er stöhnte erbärmlich.

„Nachdem dich nun also Novack in den Fängen hatte, erledigte Tobias den Rest." Sie kicherte. „Welch treffliche Wortwahl, denn er gab auch Novack den Rest. Er war überflüssig geworden, kranke Menschen beginnen irgendwann zu nerven, und ich befürchtete, er würde nicht länger loyal bleiben. Also überwältigte Tobias ihn und brachte ihn im Nebenraum unter. Ein paar Tage brauchte es noch, bis er elendig krepierte."

Da dämmerte es mir. Das waren also die SOS-Zeichen gewesen. Im Leben wäre ich nicht darauf gekommen, dass sie von Wenz stammten – oder Novack, wie auch immer.

Anja fuhr fort: „Novack hat wegen seines fortgeschrittenen Krebses wohl eine schwere Blutung erlitten. Am Ende ist er jedoch an seinem Erbrochenen erstickt. Du siehst, ich bin nicht für alles verantwortlich, was hier geschehen."

Ich sah besorgt zu Clemens. Er würde nicht mehr länger durchhalten, da war ich mir sicher. „Bitte Anja, erspare uns den Rest, du siehst doch, Clemens ist am Ende. Bitte, ich werde sagen, dass du am Ende versucht hast, uns zu helfen."

Ich rechnete erneut mit Schlägen, doch Anja wiegte den Kopf hin und her. „Zu helfen ... ja, du hast recht, auch ein Finale braucht einen Schlusspunkt. Ich werde dich jetzt erlösen, Marlene, solange er noch zuschauen kann. Danach werde ich ihm wohl die Kehle durchschneiden, und dann dürfen eure Seelen Hand in Hand in die Hölle wandern."

Mir fehlte die Kraft zu protestieren, doch was hätte es auch genützt? Ich hatte sowieso längst verloren, sollte sie mir doch endlich ein Ende bereiten, dann hatte ich wenigstens keine Schmerzen mehr. Wie gerne hätte ich Clemens geholfen, aber ich hatte keine Chance mehr.

Anja sah zu Clemens, der rührte sich jedoch nicht einmal mehr. Sie legte ihr Messer auf den Boden, stand auf und nahm sich die Spritze vom Nachttisch. Genüsslich drückte sie ein paar Tropfen heraus. „So, meine Liebe, die Menge reicht aus, um einen Elefanten ins Jenseits zu befördern. Das Zeug hat mir übrigens Tobias besorgt."

Sie nahm eine Schnur aus ihrer Jeanstasche. „Her mit deinem Arm!" Dann band sie damit meinen Oberarm ab.

Ich konnte Clemens nicht sehen, da sie ihn mit ihrem Körper verdeckte, dennoch sagte ich: „Clemens ... verzeih, dass ich an dir gezweifelt habe." Dann schloss ich die Augen.

Es war der dumpfe Schlag, der nicht zu dem passte, was ich erwartete. Hatte die Spritze schon direkt eine Halluzination ausgelöst? Auch hatte ich den Stich nicht wahrgenommen. Ich achtete auf mein Gefühl, wartete auf die Schwerelosigkeit, die ich mir immer kurz vor dem Tod vorgestellt hatte.

„Marlene, schnell!"

Wer hatte das gesagt?

„Marlene, komm zu dir." Ich spürte, wie sich das Band um meinen Arm lockerte. Vorsichtig öffnete ich die Augen. Da stand Clemens auf wackligen Beinen.

„Ich habe ihr den Griff des Messers gegen die Schläfe geschlagen. Sie ist ohnmächtig, aber sie wird gleich wieder zu sich kommen. Ich brauche die verdammte Schnur!"

Mühsam setzte ich mich auf. Die Spritze war neben mich auf das Bett gefallen. Sie war unbenutzt. Anja lag reglos auf der Seite. Clemens machte sich daran, ihre Arme zusammenzubinden, da trat sie blitzschnell zu. Sie hatte ihn am Schienbein erwischt und er stürzte hart zu Boden. Sie trat ihm in den Bauch und die Rippen. Er würde keine Chance mehr haben, sich zu wehren.

„Glaubtest du wirklich, du könntest mich besiegen?", schrie sie. „Du müsstest mich schon töten."

Es kam mir vor wie in Zeitlupe, wie sie mit diesem irren Gesichtsausdruck auf mich zutrat. Ich fingerte nach der Spritze, verbarg sie so gut es ging in meiner Hand, wobei ich mich ein wenig mit der Nadel stach. Anja beugte sich über mich, ich nahm all meine Kraft zusammen und rammte ihr die Spritze in den Arm.

Ich hörte einen Schlag, als sie auf den Boden fiel, dann einen zweiten. Er kam nicht aus diesem Zimmer. Noch einige Schläge folgten, dann, ganz plötzlich, stand Weigand im Zimmer, gefolgt von mehreren bewaffneten Männern.

„Das Spiel ist aus, Frau Malmann. Nehmt sie fest!", befahl er. Dann kam er zu mir: „Sie sind in Sicherheit, Frau Kern. Sie sind in Sicherheit."

48

11. September 2016

Die Nadel in meinem Arm schmerzte mich, warum zog sie sie nicht endlich heraus, ich war doch schon tot. Tot? Ich riss die Augen auf. Wo war ich bloß? Ein weißes Zimmer und links neben mir ... ein Ständer mit einem Tropf? Schemenhaft erkannte ich die Umrisse eines Mannes, direkt an meinem Bett.

„Hallo Frau Kern."

Es dauerte einen Moment, bis sich meine Augen an das Licht gewöhnten, einen weiteren Augenblick, bis ich Kommissar Weigand und seinen Kollegen erkannte.

„Sie sind in Sicherheit, Frau Kern", beruhigte er mich, „sie kann Ihnen nichts mehr antun."

Meine Stimme wollte mir zuerst überhaupt nicht gehorchen, ich musste mich mehrmals räuspern, bevor ich ein paar Worte herausbrachte: „Was ist geschehen?"

„Ich will Sie im Augenblick nicht überfordern. Ich erzähle Ihnen erst einmal nur die Kurzfassung: Wir hatten Frau Malmann schon lange in Verdacht, wollten sie aber in Sicherheit wiegen und konnten ihr letzten Endes nichts nachweisen, da wir unter ihrem jetzigen Namen zu wenig über ihre Vergangenheit erfahren hatten."

„Unter ihrem jetzigen Namen?", unterbrach ich.

„Richtig. Sie hieß ursprünglich Annette Maler und wurde wegen versuchten Mordes gesucht. Sie lebte viele Jahre mit einem gefälschten Pass. Das wusste nicht einmal Herr Richter, sie hatte beste Kontakte zur kriminellen Szene. Da sie nie verreiste, ist sie über lange Zeit nicht aufgeflogen. Hätte ihr Exfreund die Anzeige wegen Körperverletzung nicht zurückgezogen, wäre das alles wohl nicht passiert. Letzten Endes aber führte die Vernehmung von Herrn Winkel uns auf die entscheidende Spur. Da sie ihr Handy bei sich getragen hat, konnten wir sie schließlich orten." Er sah mich voller Mitleid an. „Gerade noch in der allerletzten Minute. Es tut mir sehr, sehr leid, Frau Kern."

„Ist sie ..." Ich schluckte. „Ich meine, habe ich sie mit der Spritze getötet?"

Weigand schüttelte den Kopf. „Nein, nein, Sie haben sie nur für wenige Minuten außer Gefecht gesetzt. Sie hatten wohl nicht genügend Kraft, den ganzen Inhalt der Spritze in ihren Arm zu drücken. Aber sie wird Ihnen nie wieder etwas zu leide tun, das kann ich Ihnen versprechen. Auch Herr Winkel wird seiner Strafe nicht entgehen können, er hat Ihnen übel mitgespielt."

„Warum hat sie das alles nur getan? Ich kann das einfach nicht begreifen."

„Ich fürchte, sie hat eine schwere Persönlichkeitsstörung, so wie es aussieht. Wer weiß schon, was in diesen Menschen vorgeht? Das könnte Ihnen sicher ein Psychiater sehr viel besser erklären als ich. Jedenfalls wird sie wohl den Rest ihres Lebens in Sicherungsverwahrung bleiben."

Plötzlich erschrak ich. „Was ist mit Clemens?"

Weigand tätschelte meinen Arm. „Er wartet schon darauf, dass wir das Zimmer verlassen. Erholen Sie sich erst einmal, dann werden wir noch einmal ausführlich über alles sprechen. Auf Wiedersehen, Frau Kern. Sie waren unglaublich tapfer." Weigand stand auf. „Wenn es Ihnen recht ist, dann schicke ich jetzt Herrn Richter zu Ihnen herein."

* * *

Clemens legte seine verbundene Hand auf meinen Arm. Eine ganze Weile sahen wir uns nur an, während mir die Tränen übers Gesicht strömten.

Schließlich sagte er: „Ich wohne zwei Zimmer weiter, den Gang hinunter."

Darüber mussten wir beide ein wenig lachen.

„Was meinst du, sollen wir noch einmal von vorne beginnen, wenn alle Wunden verheilt sind? Also nicht nur die körperlichen …"

Ich nickte. „Von Herzen gern."

Epilog

Vor dem Krankenhausgebäude zündete sich Weigand eine Zigarette an und inhalierte tief. „Ich habe eine gute und eine schlechte Nachricht für dich, welche möchtest du zuerst hören?“

Hesse stöhnte. „Fang am besten mit der schlechten an.“

„Du wirst nun doch kein Verkehrspolizist.“

„Aha, und warum?“, fragte Hesse.

Weigand hielt ihm die Zigarette vor die Nase und grinste. „Da kommen wir nun zur guten Nachricht: dies ist meine letzte Kippe.“

ENDE

Weitere Titel bei edition krimi

Klappbroschur, Softcover
312 Seiten
12,7 x 19,6 cm
13,00 EUR
ISBN 978-3-946734-15-4
lieferbar

Ebook epub
9,99 EUR
ISBN 978-3-946734-53-6

TRAUDE ENGELMANN
Die Geldwäscherin. Band 1

Als Gisela Schikaneder die Leiche ihrer ermordeten Freundin findet, hat sie sofort einen bösen Verdacht. Denn sie weiß, wem das Handy gehört, dessen Erkennungsmelodie zum wahrscheinlichen Tatzeitpunkt aus der Nachbarwohnung ertönte: Enriko Wutzler, demselben Mann, dessen Bekanntschaft sie eine einträgliche, wenn auch illegale, Beschäftigung verdankt. Ihn zu schützen erweist sich als schwerwiegender Fehler.

Als sie eine weitere Leiche findet, rückt sie in den Mittelpunkt polizeilicher Ermittlungen. Und der Mörder trachtet nun ihr nach dem Leben.

In ihrer Not fasst Gisela einen gefährlichen Entschluss.

Klappbroschur, Softcover
336 Seiten
12,7 x 19,6 cm
13,00 EUR
ISBN 978-3-946734-00-0
lieferbar

Ebook epub
9,99 EUR
ISBN 978-3-946734-41-3

ANDREAS M. STURM

Man stirbt nicht lautlos in Tokyo

Am helllichten Tag wird an einer Dresdner Tankstelle ein Mann ermordet. Hauptkommissarin Karin Wolf und ihre Kollegen tappen über die Identität und die möglichen Beweggründe der Verdächtigen völlig im Dunkeln. Erst als ein zweiter Mord geschieht erkennen sie, dass die Spur zu der mutmaßlichen Mörderin über ein Vergewaltigungsverbrechen führt, das bereits drei Jahre zurück liegt. Die Kriminalisten müssen zu ihrem Entsetzen feststellen, dass einer der Vergewaltiger aus den eigenen Reihen zu stammen scheint. Und dieser Mann nimmt nun ebenfalls die Verfolgung der Unbekannten auf …

Wird es Karin Wolf und ihren Mitstreitern gelingen, einen der beiden Täter dingfest zu machen, bevor weiteres Blut vergossen wird?

Klappbroschur, Softcover
244 Seiten
12,7 x 19,6 cm
12,00 EUR
ISBN 978-3-946734-06-2
lieferbar

Ebook epub
9,99 EUR
ISBN 978-3-946734-47-5

FRANK KREISLER
DrogenHanse

Was verbindet einen schwer bewachten Hafen, versteckt in einer Bucht an der Karibikküste, mit einem idyllischen Urlaubsort in Deutschland?

Eine Frau wird ermordet in einem Hotel an der Ostsee aufgefunden. Doch bei einem Toten bleibt es nicht.

Kommissar Heiner Trotzenburg, der vor nicht allzu langer Zeit noch Hauptkommissar in Leipzig gewesen ist, stößt bei seinen Ermittlungen schnell auf die Spur des ›Schnees‹, die von Südamerika bis nach Deutschland führt und eine Ereigniskette auslöst, die immer weitere Kreise zieht und erstaunliche Verstrickungen ans Tageslicht befördert.